CITROËN
TRACTION AVANT

Il y a 80 ans… La révolution

CITROËN
TRACTION AVANT

Il y a 80 ans… La révolution

Serge Bellu

CHÊNE E/P/A

3814
RL 7

À l'occasion du quatre-vingtième anniversaire de la naissance de la traction avant, cet ouvrage s'emploie à apporter un éclairage nouveau sur une icône de l'industrie automobile française.
De nombreux livres ont déjà raconté la saga des tractions de Citroën, la plupart d'entre eux donnant la priorité à la description systématique et exhaustive de tous les modèles et de leur évolution. Ici, nous avons préféré privilégier le contexte humain dans lequel la traction a été imaginée, puis développée. Sa gestation et sa naissance sont donc envisagées à l'aune de leurs acteurs, à travers le portrait de quelques personnalités hors du commun.
À tout seigneur, tout honneur, nous nous sommes d'abord arrêtés sur le destin d'André Citroën, sur la formidable aventure d'un industriel visionnaire, pour qui la traction avant fut l'œuvre ultime, mais aussi la dernière volonté qui précipita sa chute.
Pour mener à bien son dessein, André Citroën s'est entouré de personnages à sa mesure, des hommes toujours novateurs, des créateurs souvent iconoclastes. Ensemble, ils ont composé pour la traction avant un contexte aussi singulier que le fut le produit lui-même.
Au cours d'une carrière commerciale qui s'est étendue de 1934 à 1957, cette automobile a vécu les mutations profondes de la société française, du Front populaire aux Trente Glorieuses, en passant par les heures sombres de l'Occupation.
Dans un portfolio relatant quelques « instants d'années », on retrouvera des images de la vie quotidienne de la traction et de son installation progressive dans le patrimoine français.
L'évolution technique et esthétique de la traction n'a pas été oubliée ; elle est évoquée à travers la multitude de variantes produites pendant ses vingt-trois années d'existence, et illustrées à la marge par quelques réalisations artisanales émanant des carrossiers.

1934 2014

SOMMAIRE

Citroën

1

RACINES & INSPIRATIONS

ANDRÉ CITROËN

1878-1935

Un destin

André Citroën n'a disposé que de seize années pour installer sa marque dans la postérité. Dans cette œuvre fulgurante, la traction avant représente l'aboutissement d'une vision résolument singulière.

YA

André Citroën grandit dans le Paris haussmannien de la fin du XIXe siècle.

L'ascension

Un ancêtre d'André Citroën, qui vendait des petits citrons, avait été surnommé Limoenman, « l'homme au petit citron » en néerlandais. Ce sobriquet imagé a inspiré le patronyme de la famille Citroën...

À vingt ans, Lévie-Barend Citroen ne tient plus en place. Formé pour être courtier en pierres précieuses, à Amsterdam, il a envie de connaître d'autres horizons, de vivre des aventures exaltantes, de se frotter à de nouveaux marchés. Pour satisfaire son appétence d'un ailleurs, il choisit Varsovie, une capitale plus bouillonnante que sa trop calme cité néerlandaise. Là, il mène une vie sociale beaucoup plus animée : il sort, il rencontre énormément de monde, fréquente tous les milieux. Il fait la connaissance d'une jeune et jolie femme. Très jeune et très jolie. Après une longue période de fiançailles, il l'épouse en octobre 1870. Masza-Amalia Kleinmann a onze ans de moins que son époux, qui en a vingt-huit. Ensemble, les jeunes mariés échafaudent des projets où se mêlent voyages et découvertes. Ils veulent découvrir d'autres cultures. Comme beaucoup de leurs contemporains, ils rêvent d'Amérique, mais, finalement, ils se retrouveront en France. Ils quittent la Pologne pour venir construire leur vie à Paris. Une ville qui sort d'une guerre avec la Prusse et qui est désormais confrontée aux troubles de la Commune. Le couple s'est installé au 5 de la rue de Châteaudun, dans le IXe arrondissement, celui des diamantaires, des lapidaires et des joailliers. Deux ans plus tard, il emménage dans un appartement plus vaste, au 44 de la rue Laffitte, toujours dans ce quartier que le baron Georges Haussmann a transfiguré sous le second Empire, du temps où il était préfet de Paris.

Naissance d'André Citroën

André Gustave Citroen naît le 5 février 1878, en pleine nuit. Il est le cinquième et dernier enfant d'une fratrie qui compte déjà deux filles, Jeanne et Fernande, et deux garçons, Hugues et Bernard. Les affaires de Lévie Citroen prospèrent. La famille investit un appartement encore plus confortable, au 53, rue de Châteaudun. Cependant, au-delà de cette réussite apparente, le chef de famille est de plus en plus rongé par l'inquiétude. Certes, il y a la crise économique qui menace. Certes, la situation internationale peut inspirer des appréhensions. Certes, l'antisémitisme est de plus en plus prégnant. Mais c'est surtout un état dépressif latent qui le mine. À l'aube du dimanche 14 septembre 1884, il renonce à poursuivre cette vie obscurcie par les craintes et les

Jean Béraud.

André Citroën avec ses deux sœurs
et ses deux frères.

angoisses. Dans le silence nocturne, il monte au dernier étage de son immeuble, ouvre une fenêtre sur cour et se jette dans le vide, dans l'éternité.

Masza-Amalia est alors en villégiature à Trouville-sur-Mer, en Normandie, avec ses enfants. Apprenant le drame, elle rentre précipitamment à Paris, seule. Plus tard, elle expliquera au petit André que son père est parti pour un long voyage… La famille quittera bientôt l'immeuble funeste pour s'installer au 62, rue Lafayette.

L'entrée d'André au lycée Condorcet, prévue quelques jours plus tard, est reportée à l'année suivante, en octobre 1885. À l'occasion de cette inscription, le « e » de son patronyme est surmonté d'un tréma ; la famille va dorénavant adopter cette orthographe, avec la prononciation qui en découle. L'enfant se replie dans la lecture et découvre avec passion l'univers de Jules Verne. Puis, c'est la personnalité de Gustave Eiffel qui le fascine. La tour, érigée pour l'Exposition universelle de 1889, devient le symbole absolu de la modernité. Cette illustre manifestation veut marquer le triomphe de la machine avec, pour temple, la galerie des Machines, construite au fond du Champ-de-Mars, masquant l'École militaire. Ce bâtiment édifié d'une seule voûte bat tous les records dans la démesure : la nef s'étend sur 77 000 m^2 au sol et totalise 34 700 m^2 de vitrage. Les assises des voûtes, au lieu de s'élargir à leur base, s'amincissent, ce qui contribue à l'élégance de l'édifice. Dans cette gigantesque construction, on peut découvrir tout ce que l'industrie est capable de concevoir, de la fabrique d'horloges Tissot à la machine à fabriquer des cigarettes ! Au-delà de cet aspect promotionnel, ce temple dédié à l'innovation industrielle célèbre le triomphe du fer. Toute

André Citroën est fasciné par la tour Eiffel,
érigée en 1889.

la structure métallique est apparente et renvoie, sur le même langage, à l'audace de la tour Eiffel qui se dresse à l'autre bout du Champ-de-Mars. Le monde des sciences et des techniques ne cessera jamais de captiver l'adolescent. Ses lectures l'entraînent vers d'autres auteurs, notamment Auguste Comte, qui consacre une partie de son œuvre à faire l'apologie de l'ingénieur.

Ce goût irrépressible entraîne André Citroën aux portes de l'École polytechnique, où il est admis sur concours en octobre 1898, à une époque où l'antisémitisme est exacerbé par l'affaire Dreyfus. Mais une nouvelle épreuve brise les ailes et les élans de l'ambitieux. Le 25 mai 1899, au matin, le commandant de l'École le convoque pour lui apprendre le décès de sa mère, la nuit précédente, dans son appartement du 60, rue Taitbout. Elle n'avait que quarante-six ans. Très affecté par ce drame, il sort de Polytechnique le 1er août 1900, classé au 162e rang sur 192 inscrits.

Révélation en Pologne

Au printemps 1900, pendant les vacances de Pâques, il part retrouver sa sœur aînée, Jeanne, qui vit à Varsovie avec un banquier. Là-bas, il visite une fabrique d'engrenages et il est frappé par l'originalité des mécanismes taillés en forme de chevron. Il en achète le brevet.

Aussitôt sorti de Polytechnique, André Citroën intègre l'École d'application et de l'artillerie et du génie de Fontainebleau. Puis il est affecté au 31e régiment d'artillerie, au Mans, pour effectuer son service national. Libéré de ses obligations militaires en 1902, il crée, en 1905, sa première entreprise (« Citroën, Hinstin et Cie »), pour exploiter le brevet des

André Citroën en habit de polytechnicien.

engrenages à chevrons, rapporté de Pologne. Son associé, Jacques Hinstin, est un ancien compagnon de lycée et il est, lui aussi, fils de diamantaire. D'abord installé à Corbeil-Essonnes, l'atelier sera ensuite transféré rue Saint-Denis, à Paris. André Citroën s'ouvre à d'autres formes de réflexion. En juin 1904, il est reçu au Grand Orient de France, au grade d'apprenti, dans la Loge de philosophie positive.

En 1906, au cours d'un repas familial, il rencontre Paul Haarbleicher, le patron de la firme Mors, qui se trouve être le beau-père de son frère Hugues. Cette entreprise fabrique et commercialise des automobiles depuis 1896 et a participé à plusieurs compétitions sportives avec un certain succès. L'industriel se plaint de la stagnation des ventes, en un temps où l'industrie automobile est en plein essor. André Citroën se dit prêt à l'aider, préconisant un changement drastique dans les méthodes de fabrication, comme dans la définition des modèles. Séduit, Haarbleicher l'engage en février 1908 et le nomme administrateur directeur général, pour mettre en pratique les suggestions qu'il a émises. L'entreprise a son siège rue du Théâtre, dans le XVe arrondissement de Paris, où plus tard Citroën installera son bureau d'études. Il restructure l'outil de production, fait évoluer la gamme et aussitôt les ventes des automobiles Mors redémarrent.

L'engrenage en chevron qui devient la marque de fabrique de Citroën.

ENGRENAGES CITROËN
Cylindriques et Coniques
à Chevrons Taillés simples et multiples
Réducteurs de vitesse
Marche silencieuse
Rendement 98 %
Grands rapports de réduction
Les plus résistants
Usure presque nulle
en toutes dimensions
Pont arrière à engrenages Citroën
ÉTUDES, PROJETS et devis pour toutes transmissions modernes avec ENGRENAGES CITROEN
SPÉCIALITÉ d'engrenages pour PONTS ARRIÈRE d'Automobiles et pour MOTEURS D'AVIATION
RÉDUCTEURS DE VITESSE POUR TURBINES
MACHINES-OUTILS, LAMINOIRS,
BANCS D'ÉTIRAGE, TREUILS DE MINES.
SOCIÉTÉ ANONYME DES ENGRENAGES CITROËN
AU CAPITAL DE FRANCS 3.000.000
LONDRES (E.C.) 27 QUEEN VICTORIA STREET
SIÈGE SOCIAL
31, QUAI DE GRENELLE, PARIS
MOSCOU - LEFORTOVO
ADRESSE TÉLÉGRAPHIQUE DRETROEN-PARIS · TEL. SAXE 35 36 · SAXE 73 05

Le Boche est pris dans l'Engrenage
Il y passera tout entier si vous Souscrivez à l'Emprunt.
SOCIÉTÉ AN^ME DES ENGRENAGES CITROËN
SIÈGE SOCIAL 31 QUAI DE GRENELLE, PARIS

À gauche, André Citroën au volant d'une Mors.
Ci-contre, dès 1915, l'usine de Javel produit des munitions.

En 1912, il effectue son premier déplacement aux États-Unis. Il visite les usines Ford, qui représentent déjà le modèle absolu pour leur productivité. Mais Ford est à la veille d'une grande révolution industrielle : en 1913, la première « chaîne » dévolue à la production d'automobiles sera mise en place, ce qui marquera le démarrage de la fabrication « en série », de la standardisation et de la rentabilité. Cette ligne d'assemblage est aménagée dans une usine flambant neuve, érigée à Highland Park, dans les parages de Detroit, pour remplacer l'atelier de Piquette Avenue. D'année en année, la production va doubler : de 224 783 exemplaires en 1913, elle passe à 372 249 en 1915, puis à 586 202 en 1916... pour culminer à plus de deux millions d'exemplaires en 1923 ! Ces chiffres étourdissants sont atteints grâce à un seul et unique produit : le modèle T. Une stratégie qui ne manquera pas, le moment venu, d'influencer les choix de Citroën.

Pendant ce temps, la fabrique d'engrenages se développe. En 1912, elle déménage au 31 de la rue de Grenelle, avant de se transformer en société anonyme l'année suivante.
Le 27 mai 1914, André Citroën épouse Georgina Bingen, mannequin chez le couturier Worth et fille d'un banquier génois. Ils auront quatre enfants : Jacqueline, née en 1915, Bernard, en 1917, Maxime, en 1919, et Solange, en 1924. Un mois plus tard, le 28 juin 1914, l'assassinat de l'archiduc François-Ferdinand, héritier du trône d'Autriche-Hongrie, et de sa femme, la duchesse Sophie de Hohenberg, en visite à Sarajevo, met le feu à l'Europe et sert de détonateur au déclenchement de la Première Guerre mondiale. Quelques semaines plus tard, l'Autriche déclare la guerre à la Serbie. L'ordre de mobilisation est lancé en France le 1er août.

L'usine produira jusqu'à 50 000 obus par jour.

465-WI

Après avoir été proposée à Citroën,
la torpédo 18/23 CV sera adoptée par Gabriel Voisin.

Pendant la Grande Guerre, André Citroën anticipe sa reconversion.

André Citroën se retrouve lieutenant dans le 2e régiment d'artillerie lourde appartenant à la 4e armée. La pénurie de munitions, notamment d'obus, lui apparaît très vite. Le 14 janvier 1915, il propose au général Louis Baquet, directeur de l'artillerie au ministère de la Guerre, un plan destiné à optimiser la production d'obus. Le marché est conclu le 10 février 1915 avec la direction des Forges et de l'Artillerie. Citroën achète une douzaine d'hectares dans le quartier de Javel, sur la rive gauche de la Seine, à une encablure de la S.A. des engrenages Citroën. Sur ces terrains occupés par des champs et des ateliers, va se dresser une usine modèle. La fabrique inaugure des équipements sociaux d'avant-garde : une pouponnière et une crèche aménagées au sein de l'usine, une cantine parfaitement organisée, des salles de loisirs, de jeux, de couture, de gymnastique, une infirmerie ultramoderne, un cabinet dentaire, une coopérative fonctionnant comme un grand magasin, avec des rayons spécialisés et des vendeuses dédiées...

L'usine sort de terre à une allure record. Dès le 15 juin, elle commence à tourner, et fin septembre elle fabrique déjà 5 000 obus par jour. Quand elle fonctionnera à plein régime, elle en produira jusqu'à 50 000 par jour ! Le 11 novembre 1918, lorsque l'armistice est signé, la question de la reconversion se pose pour tous les industriels qui se sont investis dans l'industrie de guerre. Fort de son expérience chez Mors, André Citroën n'hésite pas une seconde et opte pour l'automobile. Il a déjà pris des contacts avec plusieurs ingénieurs. Ernest Artault, chargé d'exploiter en France le brevet des moteurs sans soupapes Knight, lui propose de reprendre un projet d'automobile qui avait été développé avant la guerre par Louis Dufresne pour Panhard & Levassor, puis proposé, sans succès, aux frères Morane. Mais avec une étonnante intuition, André Citroën pressent que l'avenir de l'industrie automobile reposera sur sa démocratisation, sur la production de masse et la standardisation, s'appuyant sur les préceptes de Henry Ford. Par conséquent, après en avoir fait exécuter trois exemplaires dans ses propres ateliers, il décide de ne pas retenir ce prototype, trop élitiste à ses yeux. En parfait homme du monde, il organise, au restaurant *Maxim's*, un dîner qui réunit Ernest Artault et l'un des pionniers français de l'aéronautique, Gabriel Voisin, dont il connait le désir d'abandonner ce milieu. Voisin reprend à son compte le développement et la commercialisation de la 18/23 CV proposée par Artault et Dufresne, une torpédo équipée d'un quatre-cylindres sans soupapes de quatre litres.

André Citroën, lui, se replie sur un projet plus économique. En février 1917, il engage Jules Salomon, le créateur des voiturettes Le Zèbre, et le charge d'étudier une 10 CV. Deux ans plus tard, la sortie de ce modèle donne le coup d'envoi à l'une des plus belles sagas de l'histoire de l'automobile.

Les visions de Citroën

Insatiable visionnaire, André Citroën se démarque de ses contemporains, en particulier de ses concurrents directs, par sa curiosité, l'intérêt qu'il porte à l'évolution de la société et son ouverture sur le monde.

Vision sur le marketing

Le 4 juin 1919, la foule se presse au numéro 100 de l'avenue des Champs-Élysées, devant le magasin que Fernand Charron a mis à la disposition de son nouveau confrère et concurrent, André Citroën. Celui-ci présente la « première voiture française produite en grande série », la 10 HP. Alors que la plupart des constructeurs français continuent de développer des gammes très étendues, Citroën applique la politique du modèle unique. Sur ce plan, comme sur beaucoup d'autres, il s'inspire des méthodes américaines, et plus précisément des solutions mises en place par Henry Ford. Plusieurs voyages outre-Atlantique renforcent ses convictions.

La 10 HP est fabriquée « à la chaîne », livrée « complète », c'est-à-dire habillée d'une carrosserie munie de ses pneumatiques et de son système d'éclairage, entièrement équipée et proposée à un tarif accessible. La caisse est standardisée. Les automobiles Citroën sont intégralement

La 10 HP Type B2 dans la version « Caddy » conçue par Labourdette.

produites chez... Citroën. Dans ces conditions, il n'est plus question de faire appel aux carrossiers extérieurs : les ateliers intégrés au sein de l'usine du quai de Javel sont capables d'assumer la fabrication de toutes les variantes, des conduites intérieures, comme des coupés ou des torpédos. D'où la simplification des circuits de production et une sensible diminution des coûts. La standardisation entraîne l'émergence de certains types de carrosseries : parmi les voitures de grande diffusion, la torpédo s'impose encore nettement, mais la conduite intérieure gagne du terrain. L'automobile s'affirmant comme un objet fonctionnel, les formes utilitaires se développent elles aussi. Les constructeurs inscrivent à leur programme de fabrication des fourgonnettes et des « normandes » (plateaux à ridelles) dérivées de leurs modèles les plus populaires.

La démocratisation de l'automobile est en marche. Le redressement des économies européennes, qui s'affirme à partir de 1924, favorise cette tendance.

PRODUCTION
10. CV
+48 D

À gauche, avec la 10 HP, Citroën a initié à la production en série en France.
À droite, en mai 1927, André Citroën reçoit Charles Lindbergh à Javel.

Vision sur l'Amérique

La fascination que l'Amérique exerce sur André Citroën est ancienne et reste omniprésente quand il devient un acteur majeur de l'industrie automobile européenne. Il effectue son premier voyage outre-Atlantique en 1912. Au lendemain de la Première Guerre mondiale, ce sont les Américains qui viennent à sa rencontre. En avril 1919, une délégation de la General Motors visite l'usine du quai de Javel et envisage même une prise de participation dans la société française.
En avril 1923, il fait à nouveau le déplacement de l'autre côté de l'Atlantique, non seulement pour étudier les méthodes de fabrication de ses concurrents américains, mais aussi pour essayer de vendre le dispositif d'autochenille que l'ingénieur français Adolphe Kégresse (ou Kegreisz) a inventé. En point d'orgue de ce voyage, il rencontre enfin Henry Ford, le 11 du mois.
Quand Charles Lindbergh accomplit avec succès la première traversée de l'Atlantique à bord de son *Spirit of St. Louis*, André Citroën saisit la balle au bond et l'invite à célébrer son exploit au sein des usines du quai de Javel, le 27 mai 1927. Cette réception permet de braquer les projecteurs sur son entreprise et de montrer qu'elle est ouverte, plus qu'aucune autre en France, aux initiatives les plus audacieuses.
En octobre 1931, il retourne aux États-Unis, mais cette fois il est accompagné par un aréopage de personnalités françaises, au premier rang desquelles se trouve Pierre Laval, président du Conseil. Citroën ne peut pas imaginer qu'il côtoie le futur chef du gouvernement de Vichy...

En 1931, André Citroën rend visite
à Edward G. Budd.

La délégation française quitte Paris par le train le 8 octobre, direction Cherbourg, pour appareiller le lendemain à bord du paquebot *Europa*. Aussitôt arrivé à New York, le 13, André Citroën et sa suite partent pour Washington. Le 14, ils sont reçus à la Maison-Blanche par le président Herbert Hoover, en présence de Paul Claudel, ambassadeur de France.
Le même jour, la National Geographic Society, l'une des plus importantes organisations scientifiques du monde, lui réserve un accueil enthousiaste.
Le 15 octobre, retour à New York pour une visite dans le quartier de Wall Street qui, deux ans auparavant, a été ébranlé par le terrible krach. Le lendemain, les industriels américains de l'automobile organisent un grand banquet pour leur confrère européen.
Le 17 octobre, le maire de New York, James J. Walker, est fier de montrer le nouvel horizon de sa ville. Le Chrysler Building, inauguré en mai 1930, est le gratte-ciel le plus emblématique de la « ville debout ».
Walter P. Chrysler y a installé son bureau, dans la flèche couverte d'écailles étincelantes évo-

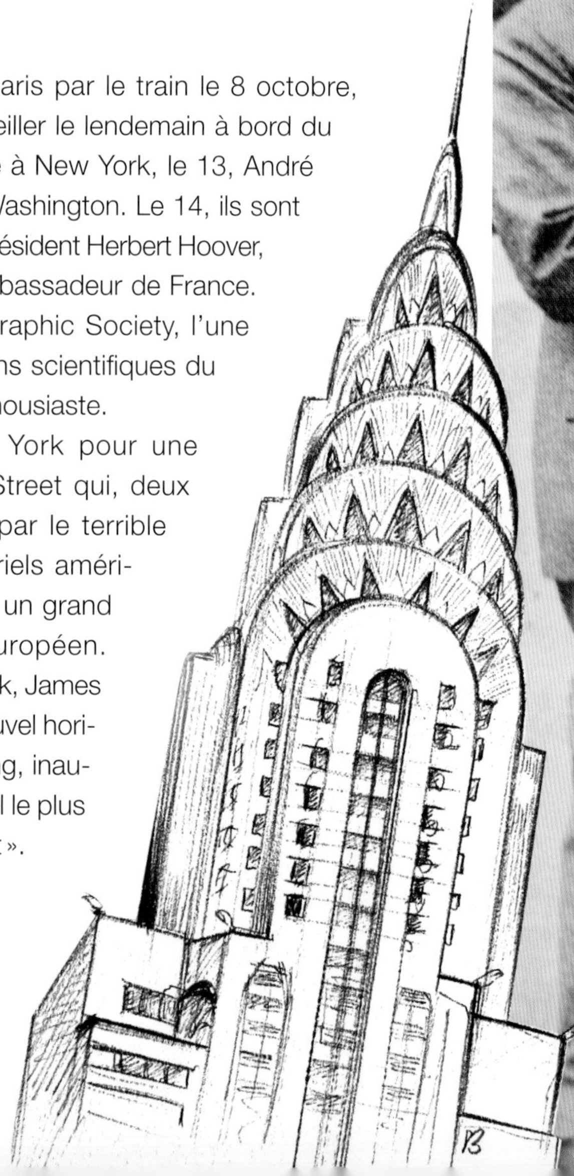

Le voyage vers l'Amérique commence à la gare Saint-Lazare et aura pour point d'orgue une rencontre avec Henry Ford.

André Citroën reçoit un accueil triomphal aux États-Unis.

quant une calandre... Citroën monte au sommet de l'Empire State Building – devenu, en mai 1931, la construction la plus haute du monde –, puis visite l'hôtel Waldorf Astoria, achevé lui aussi quelques mois auparavant. Le 19 octobre, il se rend à Philadelphie où il rencontre Edward G. Budd, avec qui il collabore depuis 1924. Le 21 octobre, il fait une conférence à l'université de Columbia dans le cadre du 8e Congrès des industries majeures. Il passe les journées des 23 et 24 à Detroit. Henry Ford lui fait les honneurs de l'Engineering Laboratory de la Ford Motor Company. Une conduite intérieure Citroën C6G et une torpédo Ford Model A défilent au ralenti dans les allées de l'usine. Leurs constructeurs sont aux anges. La réussite gommerait-elle les ambiguïtés ? À ce moment précis, André Citroën connaît-il les nauséabondes chroniques sur la « menace juive » qui ont été publiées par Henry Ford dans le *Dearborn Independant* ? De 1919 à 1927, l'industriel a été le propriétaire de cette publication par l'intermédiaire de son secrétaire exécutif Ernest G. Liebold. Il en a fait un organe de propagande antisémite dénonçant le « pouvoir juif » et relayant les « Protocoles des sages de Sion », funeste document créé pour véhiculer le mythe de la « conspiration juive mondiale ». Après un dernier tour de piste à New York, la délégation française embarque sur le paquebot *Île-de-France*, le 26 octobre.

La fabrication des autochenilles restera une activité marginale.

Vision sur la mobilité

À l'aube des années 1920, le réseau routier est encore embryonnaire, même dans les pays les plus industrialisés, et *a fortiori* dans les contrées en voie de développement. Cette évidence n'a pas échappé à André Citroën, qui s'intéresse très tôt aux travaux d'un Français qui a séduit le tsar de toutes les Russies avec une invention pertinente.

En 1910, le parc automobile du tsar Nicolas II regorge de voitures somptueuses : des Rolls-Royce, des Delaunay-Belleville, des Mercedes. Mais au cours des rudes et interminables hivers russes, cette noble assemblée est bloquée par la neige. Agacé de voir ses voitures arrêtées là où les traîneaux attelés poursuivent leur route, l'empereur charge le directeur technique de son garage d'étudier un véhicule capable de circuler en toutes saisons. Cet homme providentiel se nomme Adolphe Kegreisz. Il a quitté sa Franche-Comté natale en 1905, à l'âge de vingt-cinq ans. En quelques mois, le Français a mis au point son premier « traîneau automobile ». Le brevet, déposé en 1913, décrit un « propulseur constitué de deux larges courroies qui s'enroulent sur deux poulies, l'une des deux étant motrice ». Le premier propulseur chenillé est monté sur une Mercedes en 1911, puis expérimenté sur une Russo-Baltique de construction russe. Le bandage est alors réalisé en poil de chameau, puis, plus tard, en cuir. Plusieurs voitures sont ainsi équipées et donnent entière satisfaction dans la toundra et les steppes enneigées…

Survient la révolution d'Octobre. Étant donné ses liens avec le régime tsariste, Adolphe Kegreisz est contraint de quitter prestement la Russie

Charlie Chaplin semble très intéressé par la technique des autochenilles !

et de se réfugier en Finlande, en décembre 1917. Il francise son nom en le transformant en « Kégresse ». De retour en France, il retrouve un vieil ami, Jacques Schwob d'Héricourt, producteur de cinéma, qui lui présente André Citroën. Bien sûr, celui-ci se montre intéressé et lui commande trois prototypes à partir de la nouvelle Citroën 10 HP. Une présentation de ces autochenilles est organisée à Saint-Denis, en octobre 1920. André Citroën est conquis. Il acquiert les droits d'exploitation de cette invention. Désormais, le développement du produit va se poursuivre sous le contrôle des services de recherche de Citroën. Diverses variantes sont étudiées et les démonstrations se multiplient. On voit les 10 HP à l'œuvre au concours de chars de montagne organisé pendant l'hiver 1920-1921 au mont Revard, en Savoie. Puis une campagne de promotion autour du bassin d'Arcachon, en septembre 1921, permet d'admirer les prestations de plusieurs autochenilles B2, qui escaladent la dune du Pilat ou montent les marches du Régina Palace Hôtel. Une belle torpédo Caddy, carrossée par Labourdette, est gréée en autochenille et grimpe le Tourmalet en janvier 1923.

Citroën décide très vite d'inscrire les autochenilles à son catalogue. Les modèles de série, dérivés de la 10 HP, sont principalement destinés à l'usage des administrations et des flottes, mais le grand public en achètera peu en raison de leur coût prohibitif. À Levallois-Perret, en 1922, un vaste espace est dévolu à la fabrication des autochenilles dans cette usine qui appartenait initialement à Adolphe Clément (les mêmes initiales qu'André Citroën…). Citroën continue de multiplier les opérations

Un des premiers prototypes d'autochenille réalisé sur la base
d'une automobile Russo-Baltique.

Citroën multiplie les démonstrations pour convaincre les nations étrangères du bien-fondé de l'autochenille.

Une B14G en essai dans les Alpes en 1928.

Les expéditions africaines font écho au sentiment colonial.

promotionnelles pour vendre les atouts de ses autochenilles. À Satory, en octobre 1923, une gamme complète de véhicules tout-terrain est présentée au concours militaire des tracteurs agricoles, primé par le ministère de la Guerre. Plusieurs armées étrangères sont courtisées… En juin 1924, une équipe participe à la construction du téléphérique de l'Aiguille du Midi à Chamonix, une autre monte jusqu'au sanctuaire de Notre-Dame de la Salette, en Isère.

Les autochenilles transportent les ambitions de Citroën en Afrique : après la Traversée du Sahara, en 1922, l'expédition Centre Afrique, plus connue sous le nom de Croisière noire, relie Colomb-Béchar à Madagascar, du 28 octobre 1924 au 26 juin 1925. Ces expéditions mêlent la volonté louable de partir à la rencontre des autres peuples et le désir spécieux de les conquérir ou de les convertir.

Les autochenilles suivent l'évolution de la Citroën 10 HP de tourisme. En février 1928, une torpédo sur base B14 G entreprend l'ascension du col du Grand-Saint-Bernard, au départ de Chamonix. Avec cinq compagnons, Adolphe Kégresse franchit les cols des Montets et de la Forclaz. En mai 1929, les Postes suisses étudient la possibilité d'établir

La traversée du Sahara et la Croisière noire installent la notoriété de Citroën en Afrique.

un courrier entre Coire et Saint-Moritz ; leur conduite intérieure transformable relie les cols de Julier, de l'Ofen et de Bernina dans le canton des Grisons.

La production des autochenilles semble alors prendre un rythme plus industriel. Deux versions de tourisme sont inscrites au catalogue : la conduite intérieure P15N et la torpédo P19. Prosélyte, André Citroën prêche la bonne parole auprès de ses amis, pendant un séjour suisse en Engadine. Pour les fêtes de Noël, en décembre 1931, il convie son ami Charlie Chaplin à Saint-Moritz. Les deux hommes et leurs familles se promènent dans une conduite intérieure P15N dérivée de la C6E. Iconoclastes, audacieux, avant-gardistes, les deux hommes ne manquent pas de points communs. En cette même année 1931, le cinéaste anglais sort *Les Lumières de la ville*, un film toujours muet à une époque où le cinéma parlant s'impose…

Soixante ans avant l'essor des SUV (*Sport Utility Vehicle*), André Citroën pressent que l'automobile, au-delà de sa fonction utilitaire et laborieuse, peut être aussi un formidable outil d'évasion, susceptible de servir la civilisation des loisirs tout juste naissante.

À droite, une 5 HP participe à un concours d'élégance.

Vision sur la société

André Citroën observe avec acuité les transformations de la société. Publié en 1922, *La Garçonne*, du romancier Victor Margueritte, annonce l'émancipation de la femme. Mistinguett, Gaby Morlay, Greta Garbo, Joséphine Baker se montrent volontiers au volant de voitures. À l'aube des années 1920, les guetteurs les plus clairvoyants comprennent que les mentalités évoluent. La société de consommation s'ébauche, suggérant un nouveau partage du temps entre travail et loisir.

La femme s'émancipe, mais elle n'obtient pas pour autant l'égalité civique. En France, le droit de vote pour les femmes n'est pas encore pour demain. Les mouvements féministes subissent l'opposition du Sénat, profondément anticlérical, qui craint une influence néfaste du clergé sur le vote des femmes… En avril 1925, le gouvernement d'Édouard Herriot est renversé ; un échec qui annonce la rupture du Cartel des gauches trois mois plus tard. Cette gauche plurielle, constituée de socialistes et de radicaux, avait remporté les élections législatives de mai 1924.

À l'image de l'énigmatique conductrice peinte par Tamara de Lempicka, la femme devient consommatrice. Citroën l'a pressenti avant tout le monde. Au Salon de l'automobile 1921, la firme au double chevron lance une voiturette taillée sur mesure pour le public féminin. Cette 5 HP est maniable et coquette tout en conservant les attributs d'une « vraie » voiture, en quelque sorte une 10 HP en réduction. Commercialisée à partir de mai 1922, elle représente bientôt la moitié de la production

13 63-U1

On trouve de plus en plus souvent des femmes au volant.
Tamara de Lempicka immortalise cette évolution de la société.

L'émancipation de la femme s'esquisse au cours des Années folles.

Citroën. Elle est améliorée sans cesse. Pour le millésime 1923, le type C devient C2 en bénéficiant d'un châssis renforcé, d'un système d'allumage par magnéto et de quelques autres améliorations. Un cabriolet, muni de vitres latérales, ainsi qu'une voiture de livraison viennent épauler la torpédo. Au Salon de Paris 1923, le catalogue s'allonge encore avec une variante de la torpédo pouvant accueillir trois personnes (le passager arrière est décalé sur la droite). L'année suivante, le châssis passe de 320 à 330 cm. La version trois places adopte une disposition nouvelle avec les trois sièges disposés en triangle, ce qui lui vaut le surnom de « trèfle ». Pour 1926, la ligne est modernisée par l'adoption d'ailes au profil arrondi et aux bords émoussés. La 5 HP est de plus en plus séduisante, de plus en plus populaire, mais elle n'est pas rentable. Citroën décide donc de suspendre sa production en mai 1926.

citroen

Dans le ciel de Paris ou sur la tour Eiffel, le nom de Citroën resplendit au cours des années folles.

Vision sur la publicité

André Citroën a un sens aigu de ce que l'on n'appelle pas encore la publicité. Le 4 octobre 1922, le jour de l'ouverture du Salon de l'automobile, un avion écrit en lettres de fumée le nom de l'impétrant dans le ciel de Paris, au-dessus de l'arc de triomphe. L'appareil vole à 4 000 mètres d'altitude ; il forme des lettres de 450 mètres de haut, qui s'étirent sur 5 kilomètres !

André Citroën veut frapper plus encore les esprits. Il est sollicité par Fernando Jacopozzi, un éclairagiste d'origine florentine (1877-1932), qui lui propose un projet délirant : illuminer la tour Eiffel sur toute sa hauteur, à l'aide de motifs décoratifs et de lettres écrivant le nom de Citroën ! L'industriel ne peut être que conquis par cette idée, d'autant plus que des rumeurs évoquent la volonté des Américains d'exploiter ce fantastique fanal.

L'installation se compose de deux cent mille ampoules de couleurs et d'intensités variables. Pour réaliser cette folle entreprise et la mener à bien, il faut faire appel à des voltigeurs, des sapeurs-pompiers, des gabiers de la marine nationale et des acrobates de cirque.

L'illumination est inaugurée le 4 juillet 1925, pendant l'exposition des Arts décoratifs et industriels modernes. Elle sera conservée pendant dix ans, et régulièrement renouvelée au cours de cette période.

La Croisière jaune est une fantastique aventure humaine et scientifique.

Vision sur le monde

La Mission Citroën Centre-Asie, bientôt surnommée la « Croisière jaune », a pour but d'établir une liaison entre la mer Méditerranée et la mer de Chine, en suivant les traces ancestrales de Marco Polo sur la route de la soie. La Croisière jaune est la troisième de ces grandes expéditions initiées par Citroën. Les moyens mis en œuvre sont plus considérables que jamais, avec une quarantaine de véhicules impliqués dans l'aventure. La portée politique de l'événement est clairement affichée ; elle s'exprime à travers l'appui de nombreux ministères : Affaires étrangères, Beaux-Arts, Instruction publique, Marine, Postes et Télégraphes. Plusieurs institutions culturelles et scientifiques, telles que le musée Guimet (musée national des Arts asiatiques) ou le Muséum d'histoire naturelle font également partie des partenaires.

La Croisière jaune est scindée en deux groupes : « Pamir » et « Chine ». Le premier part de Beyrouth, au Liban, le 4 avril 1931, pour rallier Pékin. Le second démarre de T'ien-tsin, en Chine, le 6 avril 1931, pour aller à la rencontre du groupe Pamir, les deux équipes devant se rejoindre dans la province du Sin-Kiang (Chine). Le groupe Pamir, dirigé par Georges-Marie Haardt, assisté de Louis Audouin-Dubreuil, comprend vingt-deux hommes dont sept mécaniciens. Le groupe Chine est placé sous la responsabilité du lieutenant de vaisseau Victor Point. Le groupe Pamir

se compose de six autochenilles du type P17, des voitures légères dérivées de la C4F, équipées d'un moteur quatre cylindres 1 628 cm^3 30 chevaux ; elles sont épaulées par une voiture radio du type P14.
Le groupe Chine comprend, lui, sept autochenilles plus lourdes, des P21 construites sur la base de la Citroën C6F, avec un moteur six cylindres, 45 chevaux.
Tout au long de l'expédition, les deux groupes rencontrent d'innombrables difficultés : d'ordre politique, avec la Chine en guerre, l'Afghanistan en révolte et le Sin-Kiang en dissidence ; humaines, avec l'omniprésence des pillards ; et surtout naturelles, avec la traversée du massif de l'Himalaya, ses éboulis menaçants et ses cols à plus de 4 000 mètres d'altitude, ou encore avec le désert de Gobi, avec des températures descendant au-dessous de 40 °C…
Le groupe Pamir suit un itinéraire qui passe par Téhéran, Kaboul et Srinagar, avant d'affronter l'Himalaya. Pour franchir les cols, les épreuves sont terribles. Parfois, il faut confier une partie du chargement à des mulets ; ailleurs, il faut démonter les autochenilles pièce par pièce, tant les passages s'avèrent étroits, glissants et vertigineux !
Le groupe Chine n'est pas épargné non plus. Ses seize membres arrivent à T'ien-tsin, en provenance de Russie, par le train. Ils quittent cette ville le 6 avril 1931, pour se rendre à Kalgan ; là, ils sont rejoints par le père Teilhard de Chardin, théologien et paléontologue. Les membres du groupe Chine traversent l'épouvantable désert de Gobi, puis parviennent enfin dans la province du Sin-Kiang. Là, ils restent bloqués pendant de longues semaines par les autorités, qui imposent des marchandages interminables pour laisser passer le convoi.

La Croisière jaune à la conquête de l'Asie.

Les autochenilles rencontrent d'incroyables difficultés dans la traversée de l'Himalaya.

MINERVA
Présente :
LA CROISIÈRE JAUNE
EXPÉDITION CITROËN CENTRE-ASIE
3e MISSION G.M. HAARDT-AUDOUIN-DUBREUIL

金鰲

Le père Teilhard de Chardin médite devant une autochenille démontée.
À gauche, entrée triomphale à Pékin.

Le 8 octobre 1931, la jonction des deux groupes, Chine et Pamir, s'opère à Aksou, au pied de l'Himalaya. La caravane repart de là, en direction de Pékin. Le 12 février 1932, à 11 heures, une première autochenille de la Croisière jaune franchit triomphalement les portes de la capitale chinoise. Elle entre dans la Cité interdite, au terme d'un périple de 12 120 kilomètres, jalonné d'innombrables difficultés politiques, humaines ou naturelles.
Le courage et l'ingéniosité des hommes, la fiabilité et la polyvalence du matériel ont finalement permis à l'expédition de surmonter les multiples embûches. Hélas, Georges-Marie Haardt ne survivra pas longtemps à ce magnifique succès. Il sera emporté par une double pneumonie à Hong Kong, sur le chemin du retour, le 16 mars 1932.
Une nouvelle fois, l'automobile a prouvé qu'elle pouvait devenir un formidable moyen de communication entre les hommes, par-delà les continents. Mais il ne faut pas perdre de vue que cette aventure humaine et scientifique se déroule à une époque où le sentiment colonialiste est vigoureux.

La chute

Le 8 octobre 1933, plus de six mille trois cents convives ont été invités à assister à l'inauguration de l'usine du quai de Javel, réaménagée et rénovée. Les travaux, entrepris le 15 mars, ont été achevés en août, en un temps record.

Certes, André Citroën a été impressionné par « l'usine moderne » que Louis Renault a inauguré en novembre 1929, transformant l'île Seguin, à Boulogne-Billancourt, en un majestueux vaisseau. Mais le projet de reconstruction de Javel est antérieur à celui de Renault. La modernisation de l'usine Citroën a été projetée à dessein, dans la perspective du lancement de la gamme des tractions avant.

Il n'empêche que les investissements sont mal venus, à un moment où les nuages s'amoncellent sur l'économie mondiale. D'ailleurs, le 28 février 1934, le refus des banquiers d'accorder un nouveau crédit à Citroën est beaucoup plus qu'un simple coup de semonce. Pour survivre à la crise, beaucoup de constructeurs doivent se reconvertir ou se restructurer. Certains choisissent la production de véhicules utilitaires, comme le lyonnais Rochet-Schneider qui interrompt la fabrication de ses voitures de luxe dès 1932. Son compatriote Berliet poursuivra la fabrication des automobiles jusqu'à la guerre. Hispano-Suiza recentrera

Les finances de Citroën vont sombrer irrémédiablement.

ses activités sur l'aéronautique à partir de 1937. André Citroën, lui aussi, sera contraint de chercher de l'aide…

Pour redresser la situation, il considère la traction avant comme son arme secrète. Il l'a voulue innovante, dérangeante, capable d'apporter une lumière nouvelle sur l'industrie automobile. Il la désire ardemment, mais en fait il n'a pas le choix. L'entreprise enchaîne les déconvenues sur le plan financier. En mai 1934, la Banque de France publie une étude qui prévoit un déficit abyssal. En désespoir de cause, André Citroën consulte Michelin. Le manufacturier propose des économies drastiques, qui passent par des compressions de poste, la réduction des frais généraux et la rationalisation des productions. Afin de mettre

La traction devant la nouvelle façade de l'usine de Javel.

en application toutes ces mesures dans les plus brefs délais, Citroën et Michelin signent un protocole le 22 novembre 1934, un accord très contraignant qui stipule « le contrôle des représentants qualifiés de la société Michelin [...] d'une manière permanente et absolue sur toutes les opérations accomplies par la société Citroën et dans tous les domaines de son activité ». Assigné devant le tribunal de commerce de Paris le 14 décembre, André Citroën dépose le bilan de sa société le lendemain. Il cède ses actions à Michelin, principal créancier de la société, qui reprend la marque, sauve ainsi deux cent cinquante mille emplois, et rassure les autres créanciers et les petits porteurs.

Le 31 janvier 1935, André Citroën démissionne de ses fonctions d'administrateur délégué. Il conserve son titre de président du conseil d'administration pendant quelques semaines, mais début février, Pierre Michelin lui demande de ne plus venir à l'usine... L'ingratitude du nouvel actionnaire donne le coup de grâce à André Citroën qui souffre d'un cancer de l'estomac. Le 18 février, il est admis à la clinique Georges Bizet, dans le XVIe arrondissement. Une nouvelle intervention chirurgicale est tentée en mai. En vain.

Le 3 juillet 1935, à 9 heures, André Citroën s'éteint. La nouvelle ne prendra que quelques lignes à la une de *L'Intransigeant*. André Citroën n'intéresse plus les médias, depuis que Pierre Michelin, nouveau patron de l'entreprise, l'a évincé.

Le catafalque est exposé dans le hall de l'usine pour un dernier hommage des employés. André Citroën est inhumé au cimetière Montparnasse le 5 juillet. Son aventure automobile a démarré seize ans auparavant et sa dernière initiative lui survivra de longues années : la traction avant.

André Lefebvre

Ultime atout

André Lefebvre a façonné son art chez Voisin ; à droite, la voiture du Grand Prix de l'A.C.F. 1923.

Le pari est risqué. Pour superviser l'étude de la traction avant qu'il veut révolutionnaire, André Citroën recrute un ingénieur brillant et novateur, dont l'expérience a été acquise en concevant des machines de compétition pour l'avionneur Gabriel Voisin.

Engagé chez Citroën en mars 1933, André Lefebvre sait ce qui l'attend. Il ne dispose que d'une petite année pour mettre au point la « traction » ! Il a une belle réputation, édifiée auprès de Gabriel Voisin. L'avionneur l'a engagé le 1er mars 1916 et lui a confié, l'année suivante, la responsabilité du « Laboratoire », un service composé de huit mécaniciens qualifiés. Ce brillant ingénieur est vite devenu l'un des personnages clés dans l'aventure automobile de Gabriel Voisin. Dès que celui-ci s'est consacré à l'automobile, André Lefebvre a été chargé de l'étude de toutes les voitures de plus de 3 litres de cylindrée et de toutes les automobiles sportives, tandis que Marius Bernard est devenu le responsable technique des automobiles de tourisme.

Né le 19 août 1894, André Lefebvre grandit dans le climat exaltant qu'ont généré les naissances conjointes de l'aviation et de l'automobile. Sa mère est sage-femme et herboriste, son père comptable et chef du personnel d'une petite entreprise produisant des baleines de corsets.

10

La première Voisin de record, la 4 litres de 1925.

En 1911, il entre à l'École supérieure d'aéronautique et de constructions mécaniques, située à Paris, au pied de la butte Montmartre; un établissement qui sera bientôt connu sous le nom de « SUPAERO ». L'enseignement s'y organise autour de cours théoriques (thermodynamique, mécanique des fluides…) et de travaux appliqués (constructions d'avions, de cellules, de ballons…), complétés par des expériences de laboratoire. Cinq promotions sont sorties de SUPAERO avant que n'éclate la Grande Guerre, qui a entraîné sa fermeture. Parmi les élèves diplômés, on relève les noms de Henri Coanda (promotion 1910), Henry Potez (1911), Marcel Bloch-Dassault (1913), des personnalités de l'aviation naissante, et André Lefebvre (1914). Ce dernier a alors tout juste vingt ans.

Exempté de service militaire en raison d'un rhumatisme articulaire aigu, André Lefebvre cherche à mettre ses connaissances au service de l'industrie aéronautique française. L'usine de Gabriel Voisin lui offre cette opportunité, avant qu'il n'aille exercer son talent dans l'automobile…

En 1923, Gabriel Voisin décide de s'attaquer à la discipline sportive la plus prestigieuse du calendrier : le Grand Prix de vitesse organisé par

La Voisin de record de 1926 est équipée d'un six-cylindres de 4,9 litres.

l'Automobile Club de France (ACF). En débarquant dans cet univers, Gabriel Voisin a l'intention de surprendre son public. En seulement six mois, André Lefebvre conçoit une voiture inédite. Sa structure préfigure celle des carrosseries monocoques : posée sur un plancher plat, la caisse est réalisée en feuilles d'aluminium rivetées, sur des membrures en frêne, selon une technique qui profite des enseignements de l'aéronautique. Extrêmement surbaissée, avec une garde au sol réduite, « la Voisin » épouse un profil aérodynamique inspiré de l'aile d'avion. Le dessous du plancher est rigoureusement plat, libéré de toute aspérité. Les roues arrière sont carénées. La voie arrière réduite permet de dessiner une poupe très étroite.

Par ses qualités aérodynamiques, sa légèreté et ses méthodes de construction, la Voisin C6 est bel et bien l'œuvre d'un avionneur repenti. Quatre voitures sont au départ du Grand Prix de l'Automobile Club de France, qui se déroule à Tours, et l'une d'elles, celle qui porte le n° 10, est pilotée par André Lefebvre lui-même, avec Raphaël Fortin pour mécanicien. C'est la seule Voisin qui termine la course… mais à la cinquième et dernière place du classement.

La Voisin à moteur V12 développée pour les tentatives de record en 1929.
À droite, un projet de voiture de record étudié chez Citroën.

Après l'épisode du Grand Prix de vitesse, Gabriel Voisin revient au Grand Prix de tourisme, dans le cadre du Grand Prix de l'A.C.F. 1924, qui se dispute dans la région lyonnaise. André Lefebvre prépare trois types correspondant à des cylindrées différentes. Après cette expérience peu concluante et pas mal de divergences avec les autorités sportives, Gabriel Voisin renonce à participer aux Grands Prix, pour se consacrer à la conquête de records de vitesse pure. L'ouverture d'un circuit permanent en Île-de-France, à Montlhéry, va permettre aux constructeurs français de disposer d'un lieu dédié à toutes les activités sportives, y compris aux recherches de vitesse maximale.

Voisin arrive sur les lieux en août 1925, avec une nouvelle machine imaginée par Lefebvre. Elle se présente sous la forme d'un long fuselage avec la pointe arrière effilée, mais arbore une calandre conforme à celle des voitures de série, rigoureusement verticale, et une garde au sol relativement importante. La Voisin, équipée d'un moteur quatre cylindres 4 litres, tente sa chance avec André Lefebvre, César Marchand et un certain M. Julienne, qui se relaient au volant. Avec une vitesse moyenne de 152,930 km/h, ils battent le record de Bentley sur vingt-quatre heures. Une nouvelle machine suit en 1926, mieux profilée et dotée d'un six-cylindres 4,9 itres. Une autre encore en 1927, avec un huit-cylindres 7,9 litres, et finalement une douze-cylindres de 11 660 cm^3 en 1929 ! Les records tombent, mais les finances s'étiolent dangereusement. En 1930, Gabriel Voisin est contraint de partir de son usine, placée sous le contrôle de financiers belges.

André Lefebvre quitte Voisin pour rejoindre la société Renault en mai 1931. Il restera à Billancourt moins de deux ans, au poste d'adjoint du directeur des études, avant d'être engagé par André Citroën… sur l'autre rive de la Seine.

Chez Citroën, André Lefebvre change complètement de registre en concevant des voitures populaires.

Edward G. Budd

La filière américaine

La carrosserie tout en acier développée chez Edward Budd est adoptée pour la première fois en grande série par Dodge Brothers.

Pionnier de la construction entièrement métallique aux États-Unis, Edward G. Budd a trouvé, en la personne d'André Citroën, le complice européen le plus enthousiaste. Dès 1924, l'industriel américain est venu participer à l'aventure de Citroën. Dix ans plus tard, il confirme sa connivence à l'occasion du développement de la traction avant.

Sous sa moustache, le petit homme plaisante rarement. Il n'y a pas une once de fantaisie derrière ses faux cols et ses poignées de chemise en lustrine. Pendant des années, il occupe la même place, sur le même banc, dans la même église méthodiste. Au-delà de cette rigoureuse austérité, Edward Gowen Budd avoue une indéfectible passion pour le monde de la sidérurgie, pour l'acier en fusion… Né le 28 décembre 1870, il fait son apprentissage à la Smyrna Iron Works, avant de partir pour Philadelphie où il s'installe avec une tante. Il trouve son premier emploi chez Sellers Machine & Foundry Company, puis il est engagé chez Hale & Kilburn, fabricant de meubles, de couchettes, de portes et de voitures métalliques pour la Pullman Palace Car Company, la célèbre fabrique de wagons fondée à Chicago au XIXe siècle. Edward Budd passe une dizaine d'années chez Hale & Kilburn, qui aborde l'automobile en 1909 en fournissant des panneaux emboutis à Hupmobile.

481

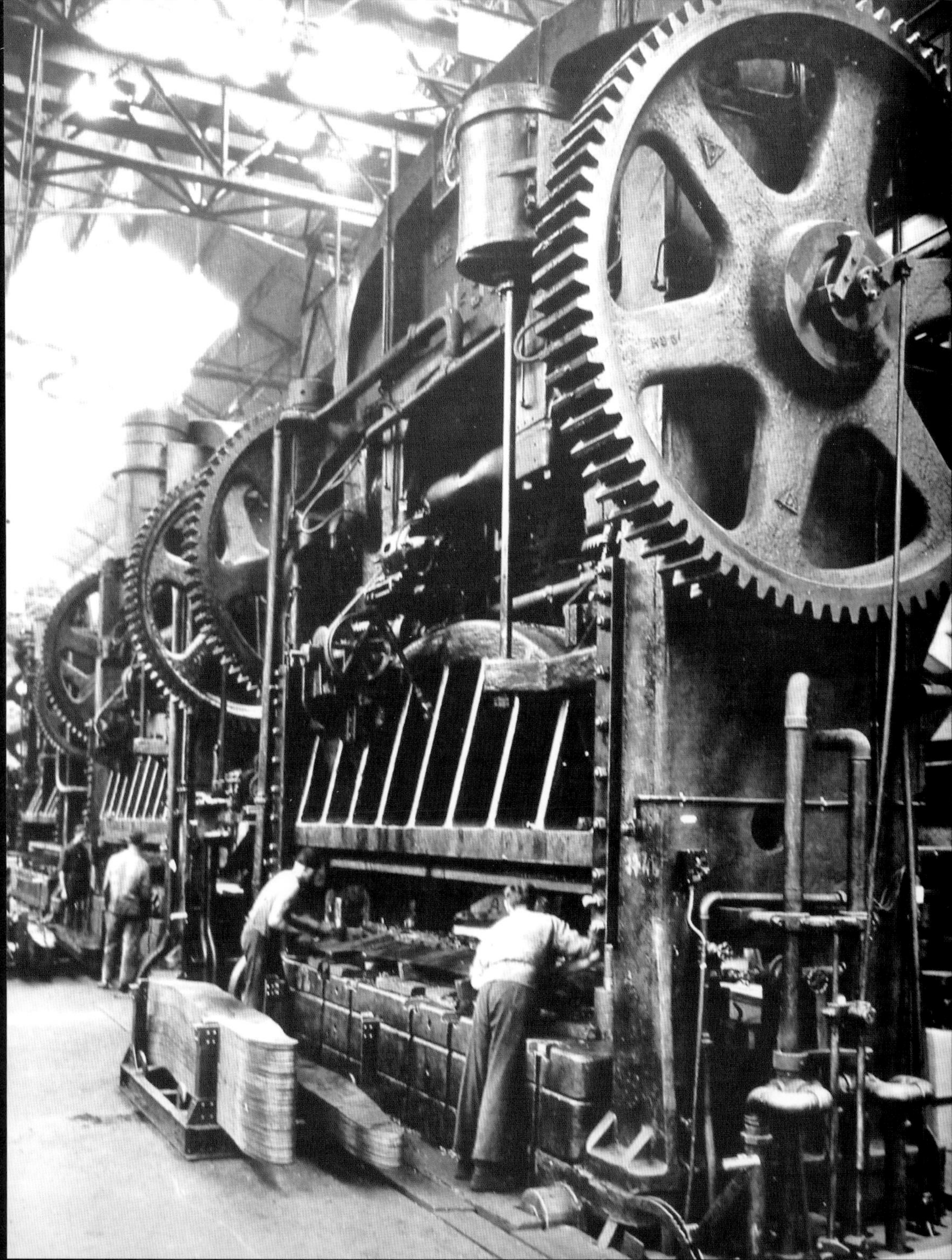

Budd a largement participé à la mise au point de la carrosserie tout acier chez Citroën.

En juin 1912, il ouvre sa propre société, la Edward G. Budd Manufacturing Company. D'emblée, il s'assure les services d'un ingénieur en chef brillant : Joseph Ledwinka. Plusieurs études sont réalisées pour des fabricants de véhicules industriels. Puis, les premières commandes fermes émanent de General Motors, pour ses filiales Buick et Oakland, et de Willys-Overland. Mais les deux sont annulées. En 1913, Budd engage Hugh Adams au poste de directeur général des ventes.
Finalement, c'est la firme Dodge qui, la première, s'associera au projet de Budd et à ses caisses en tôles d'acier embouties, soudées, émaillées au four, selon la licence déposée par Joseph Ledwinka le 17 juin 1914. Les qualités de ce concept, par rapport aux structures en bois, sont vite reconnues : sécurité, légèreté, rigidité, résistance à la torsion et aux chocs. L'acier exprime le progrès dans un monde qui a pris la machine pour effigie, et qui fait du voyage un nouveau symbole de liberté. Dodge est une jeune firme, soucieuse d'innovation. Elle a été créée par les frères Horace et John Dodge, actionnaires de la société Ford de la première heure, John Dodge ayant même dirigé Ford jusqu'en juin 1913.
La première torpédo *all steel* (« tout acier ») quitte l'usine en novembre 1914. La production sera limitée à deux cent quarante-neuf exemplaires pendant les deux derniers mois de l'année, mais dans la foulée, Dodge passe une nouvelle commande pour cinq mille, puis cinquante mille caisses. La firme Dodge Brothers vendra quatre mille cinq cents voitures en 1915, le double en 1917, et les frères Dodge feront fortune en cédant leur société à Walter Percy Chrysler.

Le pli est pris. D'autres constructeurs américains font appel à Budd : Buick, Reo, Jeffery, Willys-Overland. Puis Budd entreprend de répandre la bonne parole sur le Vieux Continent. En 1919, son bras droit, Hugh Adams, fait une tournée en Europe en projetant un film démontrant les vertus de la carrosserie tout acier. Les constructeurs britanniques Austin, Crossley et Morris, ainsi que les Français Citroën et Renault sont approchés. Tous se montrent sceptiques,... sauf Citroën ! Décidément, dans toutes ses entreprises, le polytechnicien fait preuve de clairvoyance et de promptitude.
À partir de 1924, la technologie de Budd est adoptée pour la 10 HP qui, du coup, devient le Type B10. La mise en place de la chaîne et toute l'ingénierie sont assurées par une quinzaine d'employés de la Budd Manufacturing, dépêchés à Paris. Les machines d'emboutissage sont installées à Saint-Ouen, les machines à souder « Federal » entrent en service à l'usine du quai de Javel. La carrosserie métallique se compose d'éléments emboutis à froid sous presse et assemblés par soudure. La tôle d'acier utilisée par Citroën, dite « tôle glacée », est d'origine américaine. L'équipe de Budd restera en France pendant plusieurs mois pour superviser le démarrage de la chaîne.
La Budd Manufacturing est à nouveau sollicitée pour l'étude, le développement et l'industrialisation de la traction avant, en 1933 et 1934.
Edward Budd s'éteindra en 1946, à Germanstown, en Pennsylvannie.

La carrosserie tout acier est inaugurée chez Citroën
sur le modèle 10 HP en 1924.

LES TOUT ACIER
CITROËN
SILENCIEUSES INDÉFORMABLES
CONFORTABLES RÉSISTANTES AUX CHOCS
LA COMMERCIALE 11 CV

CITRO

LE REGARD DES ARTISTES

Pierre Eugène Louÿs

L'homme des images

Pierre Louÿs, illustrateur et photographe, devient le directeur artistique de Citroën.

André Citroën s'est toujours montré très attentif à l'image de sa marque. Pour la maîtriser parfaitement, il s'est assuré très tôt de la complicité d'un directeur artistique créatif et élégant, qui s'exprima aussi bien par l'illustration que par la photographie.

Pour André Citroën, la communication est primordiale. Sur ce terrain, il n'est pas vraiment un pionnier, car de nombreuses entreprises ont mesuré, dès le tournant du XXe siècle, l'importance de la publicité, qu'elle soit diffusée par l'affiche ou par voie de presse. La publicité automobile est aussi ancienne que l'industrie du même nom. Depuis toujours, les constructeurs et leurs sous-traitants usent de la « réclame » pour vendre leurs produits. La communication autour de l'automobile a donc suivi l'évolution du graphisme et de l'illustration, en reflétant au fur et à mesure tous les styles de l'époque. Le traitement des premières affiches s'inscrit dans l'esthétique stigmatisée autour du courant « Art nouveau ». On imagine Paris au tournant du XXe siècle. Une ville peinte en demi-teintes par Albert Marquet. Deux attelages qui se croisent sur le Pont-Neuf, traînant encore une roue dans le siècle précédent. L'Art nouveau resplendit sur les façades surchargées de volutes, qui écrivent les premières phrases du Modern Style. Mais bientôt, les apôtres d'un style épuré, plus austère – Henri Sauvage et Auguste Perret en particulier – gravent leur modernité dans les rugosités du béton.

CITROËN
Pierre Louÿs

CITROËN
2416·E3
CRAMAUSSEL
Avenue de Toulouse
— LAVAUR —

LA CARAVANE
CITROËN
Composée
de voitures
de tous modèles
PASSERA
PROCHAINEMENT

Pierre Louÿs est l'auteur de nombreuses affiches publicitaires.

Ainsi se compose le décor de la première décennie du siècle, dans une cacophonie bouillonnante où se côtoient la pierre, le fer et le béton, les matériaux de toujours et les reflets d'aujourd'hui. Dans la rue aussi, s'opère le passage de relais entre deux époques, entre le souvenir des attelages et les balbutiements de l'automobile. Les deux espèces cohabitent, mais la rupture n'est pas flagrante. Motorisés ou pas, cabriolets primesautiers ou coupés intimistes conservent leurs silhouettes d'autrefois. L'esthétique des premières automobiles, comme la technique de fabrication de leurs carrosseries, sont héritées des attelages et continuent de faire appel aux mêmes artisans.
L'emphase donne sa tonalité à l'art de l'affiche, avec ses lettres, ses enluminures, ses symboles. L'argument publicitaire s'organise parfois autour d'un message humoristique, plus souvent avec une image lyrique, naturaliste ou allégorique. Dans l'annonce « le phare Ducellier voit tout », un projecteur surprend un couple d'adolescents qui s'embrasse dans l'obscurité. Le public sourit. Dans l'une des premières affiches présentant le Salon de l'automobile, une créature mythique survole le Grand Palais. Le public rêve. La publicité des origines a ses traits de génie. Le célèbre Bibendum, un bonhomme débonnaire constitué d'un empilement de pneumatiques, voit le jour sous la plume de Marius Rossillon dit O'Galop. Le personnage devient logotype et participe largement à la popularisation du manufacturier Michelin. L'identification des marques représente une fonction majeure de la publicité. Une locomotive évoque l'aventure américaine de Berliet, le lion de Belfort se confond avec l'origine de Peugeot… Beaucoup d'artistes conservent

La traction en Corse devant les aiguilles de Bavella
et dans le port de Bonifacio.

L'affiche publicitaire acquiert ses lettres de noblesse.

un style réaliste, à l'instar d'Ernest Montaut. Cet illustrateur au talent prémonitoire consacre son œuvre à la représentation des moyens de locomotion et à leur attribut alors le plus expressif : la vitesse. Loin des mouvements ambitieux qui bouleversent le monde pictural, Ernest Montaut imagine des scènes naïves. Dans des aquarelles vigoureuses, il restitue la silhouette étirée d'une voiture épousant une courbe, le visage inquiet d'un chauffeur. Des filets qui s'estompent tracent un sillage imaginaire évoquant avec des moyens simples la vitesse et le mouvement.

Après avoir confié la réalisation de ses premières annonces à l'imprimerie Draeger, l'un des pionniers de la publicité, André Citroën travaille avec Pierre Eugène Louÿs, qui conçoit ses premières affiches publicitaires en 1922. Deux ans plus tard, Citroën le nomme responsable des services artistiques et photographiques, à la tête d'une équipe de créateurs intégrée à l'entreprise. Pierre Louÿs est né le 2 février 1893 à Audincourt, dans le Doubs, et vivra jusqu'en 1976. Après avoir démarré des études de médecine, il se consacre aux beaux-arts, mais commence sa carrière professionnelle comme journaliste.

Certes, il n'a pas la délicatesse d'un René Vincent, la fougue d'un Géo Ham ni le panache d'un Robert Falcucci, mais ses illustrations sont de bonne facture, réalistes et précises. Il peint une première série d'affiches qui mettent en scène le modèle B2. Puis, toute la lignée des 10 HP– B12, B14, C4– suivra. On lui connaît aussi une belle interprétation sur le thème de la « Petite Rosalie » des records, en 1933.

Illustrateur honnête, mais au style convenu, Pierre Louÿs montre sans doute plus d'originalité en tant que photographe. Il prend en main toute la communication autour du lancement de la traction et réalise de multiples prises de vue pour les prospectus commerciaux et les documents destinés à la presse écrite. Le choix des décors et la composition des plans témoignent d'une recherche attentive, s'attachant à harmoniser le produit et son contexte. Souvent, l'adéquation est trouvée au prix de savants montages et de méticuleuses retouches...

Au cours de l'été 1934, Pierre Louÿs effectue un mémorable reportage dans le Midi de la France et en Corse, en compagnie d'un charmant mannequin britannique, Nika, et de son fidèle assistant, Eugène Michel. La voiture, une 7 Sport gris perle immatriculée 5848 RJ, est confiée à la petite équipe le 15 juin 1934. Elle descend par la route en traversant les Alpes, ce qui nous vaut déjà quelques belles prises de vue en montagne, dans le massif de la Meije, puis sur les corniches de la Côte d'Azur. Le périple corse de la 7 Sport démarre sans doute par Calvi, où accoste le paquebot *Île de Beauté*. L'itinéraire passe par les Calanche de Piana, Cargèse, Ajaccio, Olmeto, Propriano, Sartène, Bonifacio, puis remonte vers le nord en passant par Porto-Vecchio, le col de Bavella, Corte, Bastia et le cap Corse...

5848-RJ

Alexandre Iacovleff

L'homme de l'art

Alexandre Iacovleff a saisi d'innombrables scènes sur la route des expéditions Citroën.

Rien n'est laissé au hasard dans la démarche commerciale de Citroën. Le réseau de vente et d'après-vente se dote de formidables monuments qui sont dus pour la plupart à Maurice-Jacques Ravazé.

Citroën a commissionné cet artiste pour « fixer par le dessin les mœurs et coutumes indigènes en voie de disparition ». De ces voyages extraordinaires, Alexandre Iacovleff a rapporté de somptueuses sanguines, tandis que le sculpteur Henri Bouchard a réalisé les médailles officielles en bronze de ces mêmes aventures. Dans les années 1920, le désir de découvrir de nouveaux mondes est vif chez les artistes. Le cosmopolitisme est dans l'air du temps, dans l'art du temps. La vie artistique est stimulée par le formidable apport que génère le brassage des cultures. De Montparnasse à Montmartre, les artistes de l'École de Paris investissent la capitale. Une nuée de peintres et de sculpteurs venus de partout sont rassemblés sous cette bannière en 1925, par le critique André Warnod. Chagall, Zadkine, Foujita, Archipenko, Kisling, Van Dongen, Modigliani et beaucoup d'autres animent les nuits de Paris. Alexandre Iacovleff ne fait pas partie des mêmes cénacles, mais il va devenir lui aussi une figure remarquée dans la vie artistique de la ville.
Né à Saint-Pétersbourg en 1887, Alexandre Iacovleff arrive à Paris en 1922 avec ses carnets de voyage sous le bras. Dès 1917, il a quitté

la Russie pour entreprendre un voyage en Extrême-Orient grâce à une bourse obtenue à l'Académie impériale des beaux-arts de sa ville natale. Visages et paysages, détrempe et fusain, huile et gouache, tous les moyens sont bons pour saisir des instants et des émotions. Dans la capitale française, Alexandre Iacovleff se mêle à la communauté russe, se lie avec Joseph Kessel, fréquente les artistes des Ballets russes de Serge de Diaghilev. Peintre officiel de la Croisière noire, il rapporte de cette aventure une somme de portraits somptueux, d'innombrables sanguines qui saisissent les âmes et les instants, avec une mystérieuse précision. Résolument néoclassique, Alexandre Iacovleff ne s'aventure jamais hors de la figuration.

Maurice-Jacques Ravazé

L'homme des décors

Projet de concession à Constantine, daté de 1927.

Rien n'est laissé au hasard dans la démarche commerciale de Citroën. Le réseau de vente et d'après-vente se dote de formidables monuments qui sont dus pour la plupart à Maurice-Jacques Ravazé.

Dans le cercle des amis d'André Citroën, Georges Wybo (1880-1943) occupe une place privilégiée. En 1912, cet architecte a érigé le casino de Deauville, lieu familier s'il en est pour le constructeur ... Il suit les cours de l'atelier de Victor Laloux à l'École des beaux-arts de Paris. Quand il en sort, il prend la succession de René Binet, son « maître spirituel et inspirateur » au poste d'architecte en chef des magasins du Printemps. Georges Wybo réalise une quarantaine de bâtiments pour la société de distribution. Il travaille notamment avec Henri Sauvage sur le pavillon du Printemps, créé pour l'exposition des Arts décoratifs et industriels modernes, qui ouvre ses portes à Paris le 28 avril 1925. Georges Wybo travaille cependant pour d'autres entreprises, comme pour André Citroën. Il réalise plusieurs projets pour le constructeur, mais il délègue bientôt ses commandes à son confrère et ami Maurice-Jacques Ravazé. Cet architecte nantais va prendre la tête d'un service « Architecture et construction », intégré au sein même de l'entreprise. À partir de 1923, ce département va mettre en scène la formidable machinerie commerciale de Citroën et donner une certaine unité architecturale aux concessions et aux agences dispersées à travers la France et l'Europe.

L'architecture de Ravazé ne rechigne pas aux effets de manche. Loin de se contenir dans les limites de ses prérogatives fonctionnalistes, elle sait se faire expressive, excessive, émotionnelle, symbolique ; surtout quand elle se met au service d'un industriel comme Citroën. Les succursales plus grandioses les unes que les autres se multiplient tout au long des Années folles. À Toulouse, Nantes ou Bordeaux, les mêmes façades classiques, simples, percées de hautes vitres voûtées sont la marque de fabrique des constructions de Ravazé. À Toulouse, un magnifique escalier torsadé donne un supplément de panache à l'espace. À côté du réseau commercial classique, Citroën dresse plusieurs lieux de culte exceptionnels, des temples élevés à la gloire de sa technologie, de son histoire et de son futur. L'acquisition d'une automobile constituant un événement marquant, sa livraison et sa prise en main doivent devenir

PLACE LAMORICIERE
AVANT PROJET
GARAGE AVEC IMMEUBLE
CITROËN
CITROËN

La façade du magasin des Champs-Élysées en 1932.
À droite, le grand garage de l'Europe et le magasin de la rue Marbeuf.

des moments uniques. Ils méritent la mise en scène et le décor hors normes que vont échafauder plusieurs succursales.

À Paris, le magasin des 32-34, rue Marbeuf, à deux pas des Champs-Élysées, affiche une modernité inédite, avec une façade de verre qui recouvre les huit étages de ce garage ouvert le 7 octobre 1929. Il a été élaboré d'après une étude originale de Marc Hermans et Rob Van Gool. Le 30 septembre 1931, Citroën inaugure son espace le plus impressionnant place de l'Europe, entre la gare Saint-Lazare et les Batignolles. Il a racheté le bâtiment des messageries des chemins de fer de l'État, conçu par Gustave Eiffel. Le lieu est réaménagé pour accueillir trois cents voitures sur 15 000 mètres carrés ! Autre écrin symbolique, le magasin des Champs-Élysées, à Paris, est reconditionné en 1932. Après avoir occupé pendant un an une vitrine de l'hôtel Claridge, au n° 74, Citroën s'est installé au 42 en octobre 1927. À la place d'un immeuble Napoléon III, Maurice-Jacques Ravazé et Pierre Louÿs créent un espace contemporain, qui est inauguré en grande pompe à l'automne 1932. Parmi de nombreuses réalisations monumentales suivent ensuite les bâtiments emblématiques de la succursale de Lyon (1932) ou de la filiale belge à Bruxelles (1934).

CITROËN
AU 1er ÉTAGE LE
MUSÉE
CITROËN
7
MUSÉE
CITROËN

Flaminio Bertoni

L'homme du style

En bas, Flaminio Bertoni avec une maquette au début des années 1920.
À droite, dans les années 1930.

Comme André Lefebvre, l'homme à qui André Citroën fait appel pour le style de la traction n'a pratiquement aucune expérience dans le domaine de l'automobile populaire. Son itinéraire est celui d'un artiste.

L'auteur du style de la traction est un authentique artiste. Flaminio Lorenzo Isidoro Bertoni, fils de Carlo Bertoni et d'Angela Mazzola, naît le 10 janvier 1903 à Masnago, en Italie. Attiré très tôt par les arts plastiques, il est initié au dessin et au modelage par le sculpteur Giuseppe Talamoni. À dix-huit ans, il entre en apprentissage dans une entreprise de carrosserie de Varese, la société Fratelli Macchi. Il est affecté à l'atelier de menuiserie, puis à la ferblanterie, mais il continue de peaufiner son art, notamment auprès d'Enrico Butti, sculpteur à Varese. Ambitieux et vindicatif, Flaminio Bertoni s'embarque pour Paris et se fait embaucher en avril 1923 comme menuisier chez le carrossier Felber. S'en suit un passage par les ateliers de Manessius et de Rothschild, avant de travailler chez Citroën comme « dessinateur en carrosserie », entre janvier et avril 1925. Instable, sans cesse insatisfait, Bertoni a le mal du pays. Il retourne en Italie et ouvre un atelier à Varese pour se consacrer à l'art. Afin de gagner sa vie, il accepte de revenir chez les frères Macchi, cette fois comme dessinateur.

Flaminio Bertoni est avant tout un sculpteur, aussi à l'aise autour d'une carrosserie que devant le corps humain.

En juillet 1929, il ouvre sa propre affaire à Varese, à l'enseigne du Studio tecnico di carrozzeria Flaminio Bertoni, sans pour autant renoncer à l'art. En août 1930, il expose pour la première fois ses sculptures animalières à Milan, dans le cadre d'une manifestation qui porte sur « l'animal dans l'art ». Il participera ensuite à d'autres expositions, notamment à Rome. À partir de février 1931, il enseigne dans une école d'art appliqué à l'industrie. Flaminio Bertoni s'installe définitivement à Paris en octobre 1931, après avoir rencontré Giovanna, sa future épouse. En décembre de la même année, il entre chez Sical, une entreprise de carrosserie qui sous-traite plusieurs modèles pour Citroën. Le 27 juin 1932, il est engagé comme dessinateur au bureau d'études de Citroën, installé dans le XVe arrondissement de Paris, rue du Théâtre. Parmi les premières tâches qui l'attendent, il y a la modernisation des Rosalie, et surtout l'étude de la traction avant. Parallèlement, Bertoni ne délaisse pas son activité artistique et continue de produire d'innombrables sculptures animalières et des bustes. Puis, son inspiration s'oriente vers le sport. Dans le plâtre ou le bronze, l'artiste fixe les gestes puissants des lutteurs. Plus encore que par son dessin, impulsif et violent, Flaminio Bertoni s'exprime par le volume. En 1934, il expose en plusieurs occasions, notamment au Salon des indépendants. À la galerie Carmine, il côtoie Giorgio de Chirico, le chantre de la peinture métaphysique. Lassée de l'instabilité de Flaminio, et de son caractère volage, Giovanna repart en Italie en 1936. Flaminio Bertoni s'intéresse à mille choses. Dans les années 1940, il obtiendra son diplôme d'architecte. En 1947, il épouse Lucienne Marondon, une danseuse de la Scala de Milan. Après la Seconde Guerre mondiale, les sujets de réflexion de ses sculptures deviennent plus lyriques, voire allégoriques. Finalement, Flaminio Bertoni accède à l'abstraction à travers des œuvres comme *L'Eau*, une impressionnante sculpture en tôle d'acier oxydé, haute de 1,08 mètre, qui fut réalisée pour le Salon des indépendants 1957. Cette œuvre abstraite surprend, dans le parcours d'un sculpteur dont on connaît surtout les bronzes figuratifs. La création favorite de l'artiste n'est ni la traction, ni la DS 19, ni la 2 CV, mais l'Ami 6. Provocateur jusqu'au bout de sa vie, Flaminio Bertoni s'éteindra en 1964.

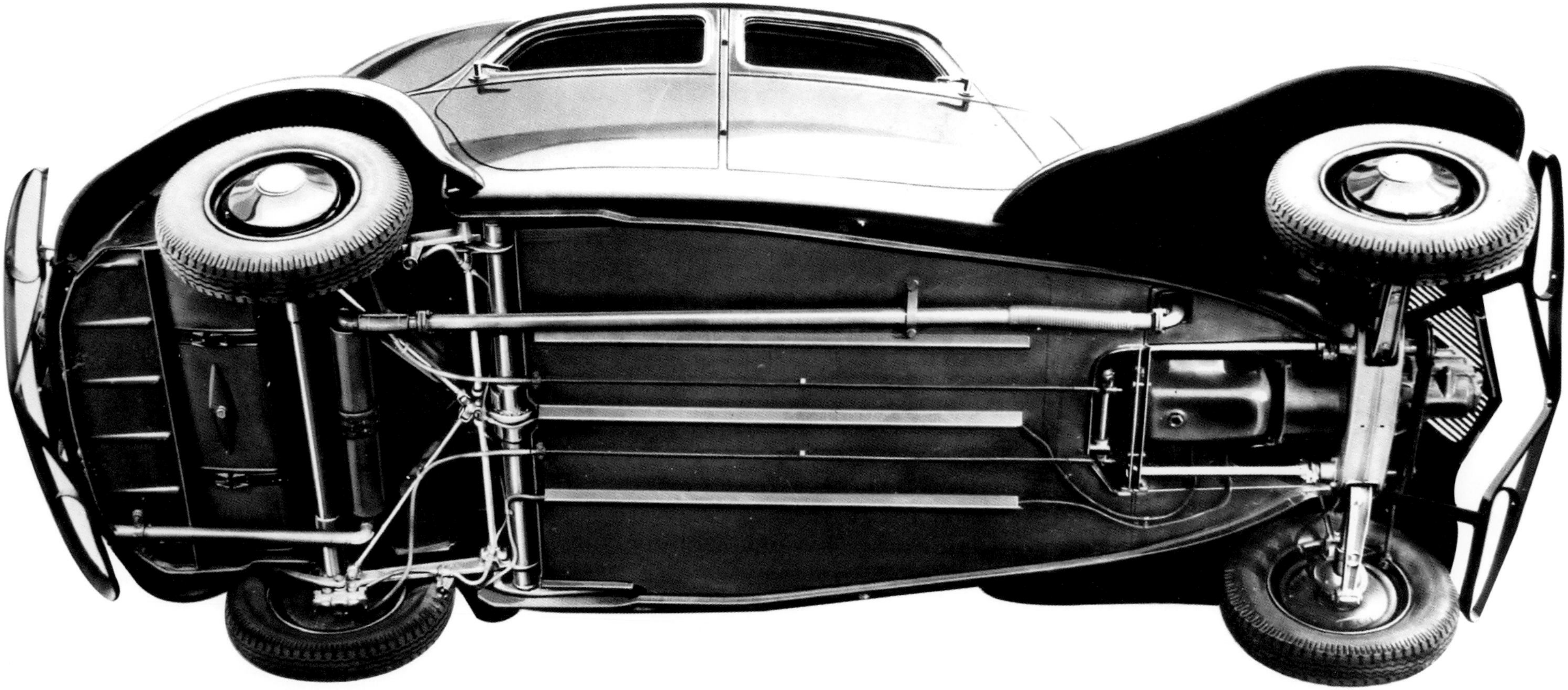

3

UNE SI LONGUE CARRIÈRE

La gestation

Quand les conséquences du krach de Wall Street touchent les rivages de l'Europe en 1933, le contexte économique devient dramatique pour tous les constructeurs européens.

La production française sombre de façon vertigineuse, passant de deux cent trente mille à cent soixante-dix-neuf mille exemplaires, entre 1930 et 1935. La firme Citroën n'est bien sûr pas épargnée, d'autant que sa gamme est vieillissante. Les modèles 8, 10 et 15, proposés depuis octobre 1932, manquent singulièrement de charme et de modernité. Il est donc impératif de renouveler cette série, qui s'est sclérosée dans le conformisme. Le 24 février 1934, les banques avisent la direction de Citroën que, dès la fin de ce mois, elles cesseront d'accorder un crédit à la société. Grâce à la compréhension de ses concessionnaires, André Citroën parviendra quand même à boucler l'échéance, mais la menace d'une faillite subsiste. L'entreprise a besoin de mesures énergiques pour redresser la situation. Dix-huit mois ! C'est le temps qu'André Citroën concède à son bureau d'études pour concevoir son modèle le plus révolutionnaire des années 1930 !

À gauche, une Tracta aux 24 Heures du Mans 1927.
Ci-dessous, la démonstration de la traction avant.

Les innovations techniques

André Citroën presse ses équipes d'achever la mise au point d'un modèle cent pour cent inédit, qui promet d'être révolutionnaire à maints égards. Pour accélérer le mouvement et relever le défi, il a engagé, le 12 mars 1933, un ingénieur hors du commun : André Lefebvre. Le défi consiste à concevoir, en un temps record, une voiture réunissant plusieurs solutions techniques originales. Au premier rang des choix audacieux que comporte le cahier des charges, figure la traction avant.

Certes, Citroën n'est pas le premier constructeur à choisir cette implantation, mais elle reste encore rare à l'époque. Au Salon de l'automobile 1934, où Citroën lancera les modèles 7 et 11, les marques Chenard & Walcker et Rosengart seront les seules entreprises françaises ralliées à cette solution. Le Français Jean-Albert Grégoire a été le pionnier de la traction avant en Europe. En 1926, il a monté la société Tracta pour concevoir ses propres voitures, les fabriquer et les commercialiser.

Le moteur n'a guère évolué au long de la carrière de la traction.

Mais après seulement six ans de présence sur le marché et quelques résultats sportifs encourageants, l'éminent ingénieur a préféré se consacrer à son bureau d'études. En Europe, c'est l'Allemagne qui compte le plus d'adeptes. DKW a été la première marque à créer une voiturette à traction avant et ce, dès octobre 1930. Au sein du même groupe Auto Union, Audi inscrit à son tour un modèle à roues avant motrices à partir de 1933. Adler rejoint les défenseurs de la traction avant en mars 1932, avec le modèle Trumpf. En dehors de la traction avant, la 7 doit réunir plusieurs autres innovations techniques qui tranchent sur les précédentes réalisations de Citroën et sur l'ensemble de la production française contemporaine. Chargé des trains roulants, Maurice Julien propose des solutions neuves. La 7 disposera de quatre roues indépendantes et la suspension fera appel à des barres de torsion longitudinales à l'avant et transversales à l'arrière, qui remplaceront les ressorts à lames encore très utilisés par la plupart des autres constructeurs. Grâce à ce choix, la 7 va bénéficier d'un confort et d'une tenue de route exemplaires, qualités sur lesquelles va s'échafauder la réputation de la voiture et de la marque. Autre singularité : la construction monocoque. La carrosserie dite autoporteuse renonce au sacro-saint châssis séparé à longerons et traverses. La coque se compose d'un soubassement solidaire de l'auvent et habillé de panneaux latéraux, de la face arrière et du pavillon. Dans ces conditions, la caisse n'est plus séparée du châssis, mais elle constitue elle-même la structure. Les méthodes de fabrication et l'outillage de la carrosserie monocoque et tout acier sont étudiés en étroite collaboration avec la firme américaine Budd Mfg Co. de Philadelphie. L'initiateur de la carrosserie monocoque a été Lancia, qui l'a adoptée sur la Lambda en 1922. On raconte que Vincenzo Lancia eut l'idée d'une structure de ce type en observant la coque d'un bateau soumise aux pressions de l'eau. Le moteur de la 7, dont l'étude a été confiée à l'ingénieur Maurice Sainturat, est lui aussi tout nouveau et n'aura plus rien à voir avec celui des « 8 ». C'est un quatre-cylindres à chemises humides amovibles, avec une distribution par soupapes en tête. Pour la transmission, Citroën aimerait aussi innover. Il confie à l'ingénieur Charles Brull le développement d'une boîte de vitesses hydraulique « progressive et automatique », une technique qui a été imaginée par l'ingénieur Robert Dimitri Sensaud de Lavaud. Mais cette boîte révolutionnaire ne parviendra jamais à un stade de mise au point satisfaisant, si bien que l'on reviendra à une solution conventionnelle étudiée à la hâte.

La traction est l'un des premiers modèles à opter
pour une structure monocoque.

Au cœur du bureau d'études de la carrosserie en 1933, une multitude de variantes sont envisagées pour la face avant comme pour l'arrière, avec des formes plutôt originales pour les optiques.

L'étude de style

Tandis que les ingénieurs développent une nouvelle base mécanique pour la 7, le style se précise. La période est cruciale pour l'évolution des formes, car la vogue du *streamline*, née aux États-Unis, commence à traverser l'Atlantique. Au Salon de l'automobile de Paris, en octobre 1933, on voit fleurir des carrosseries qui revendiquent une ligne prétendument « aérodynamique ». Sur tous les modèles, les pare-brise s'inclinent, les calandres s'arrondissent, les arrières s'allongent et les ailes s'enveloppent. Chaque constructeur se croit obligé d'affirmer son entrée dans l'ère de l'aérodynamisme. Curieusement, Citroën restera en marge de cette frénésie de formes enveloppantes, et la 7 arborera une ligne résolument sage. Certes, sa silhouette est abaissée grâce à la structure monocoque– un effet qui est souligné par l'absence de marchepied–, mais la calandre plate, les ailes fines rapportées et les phares en forme d'obus privent la 7 d'une modernité affichée par d'autres constructeurs. En février 1934, deux mois avant la présentation de la 7, Chrysler dévoile le modèle Airflow, qui se distingue de ses contemporains par sa carrosserie profilée et enveloppante, sa calandre arrondie et ses phares intégrés. Peugeot s'en inspirera pour le dessin de la 402, présentée en octobre 1935. Même Renault, pourtant considéré comme un conservateur, osera une carrosserie aérodynamique avec l'éphémère Viva Grand Sport, conçue par l'avionneur Marcel Riffart et dévoilée en octobre 1934.

Entre 1954 et 1964, Jean Daninos essaie de faire revivre le luxe à la française avec ses Facel Vega. Ici le prototype FVS de 1954.

Le cas du cabriolet

Jean Daninos entre chez Citroën le 1er avril 1928, comme assistant du directeur des études-carrosserie, qui est alors Raoul Cuinet. En 1930, il est responsable du service des carrosseries de luxe, ce qui le conduit à dessiner quelques créations hors-série, dont un beau Speedster, sur une base 15A confectionné chez Figoni en 1932. Il est admis que Jean Daninos a été impliqué dans l'étude des cabriolets et coupés tractions avant, mais il est empirique de mesurer son rôle avec précision.

Le 29 octobre 1934, Jean Daninos quitte Citroën désormais géré par Michelin. De 1935 à 1937, il travaille chez Morane-Saulnier où il est ingénieur conseil, spécialisé dans l'utilisation des aciers inoxydables et où il prend part au développement du chasseur MS.405. En 1937, il est engagé comme ingénieur en chef chez Bronzavia, une entreprise qui fabrique des accessoires pour l'aéronautique. Conjointement, en 1937, il crée la société Métallon, qui devient Facel Métallon en décembre 1939. Pour échapper aux Allemands, Jean Daninos ouvre un bureau d'études à Genève, en 1941. Après deux années consacrées à la fabrication d'un gazogène, il part aux États-Unis pour monter la société General Aircraft Equipment. En attendant son visa pour le retour, il conçoit une machine à fabriquer des glaçons, le Cuberator, usiné par Pan Electric. Quand la paix revient, le sens de l'esthétique de Jean Daninos reprend le dessus. Il ébauche le dessin d'une grande berline qui pourrait relancer la marque Hispano-Suiza, puis il conçoit de beaux modèles pour Ford (la Comète) et pour Simca (l'Aronde Sport), lancés en 1951 et 1952. Mais le grand projet de Jean Daninos porte sur la naissance d'une nouvelle marque de prestige française en 1954 : Facel Vega.

Un élégant cabriolet dessiné par
Jean Daninos sur la base mécanique
d'une Citroën 15A.

Jusqu'à sa mise en production, la traction subit de longs essais routiers et elle fait l'objet d'une étude en soufflerie.

Les essais

Le développement et la mise au point de la 7 s'étalent sur les années 1933 et 1934. Les plans de la nouvelle voiture sont achevés en juin 1933 et les deux premiers prototypes roulent deux mois plus tard. La forme générale a dès lors été figée, la silhouette générale a été tracée, mais quelques équipements, comme les phares ou les flancs du capot, diffèrent encore de ceux que l'on trouvera sur les voitures de série.
Une véritable course contre la montre s'est engagée chez Citroën. Chacun est conscient, dans l'entreprise, qu'il convient de mettre le plus vite possible sur le marché cette voiture moderne.
Après que Flaminio Bertoni en a dessiné le style et l'a fait accepter par André Citroën (et Mme Citroën!), au cours de l'été 1933, une équipe de techniciens s'est embarquée sur le paquebot *Île-de-France* en 1933. Raoul Cuinet, directeur des études, et Pierre Franchiset, son projeteur, emportent dans leurs bagages le plan grandeur nature dont il faudra, à l'arrivée, convertir toutes les mesures en pouces! Puis c'est Denis Kendall, proche collaborateur de Howard Budd qui vient passer plusieurs mois à Paris pour régler les presses à emboutir et superviser la fabrication des coques.

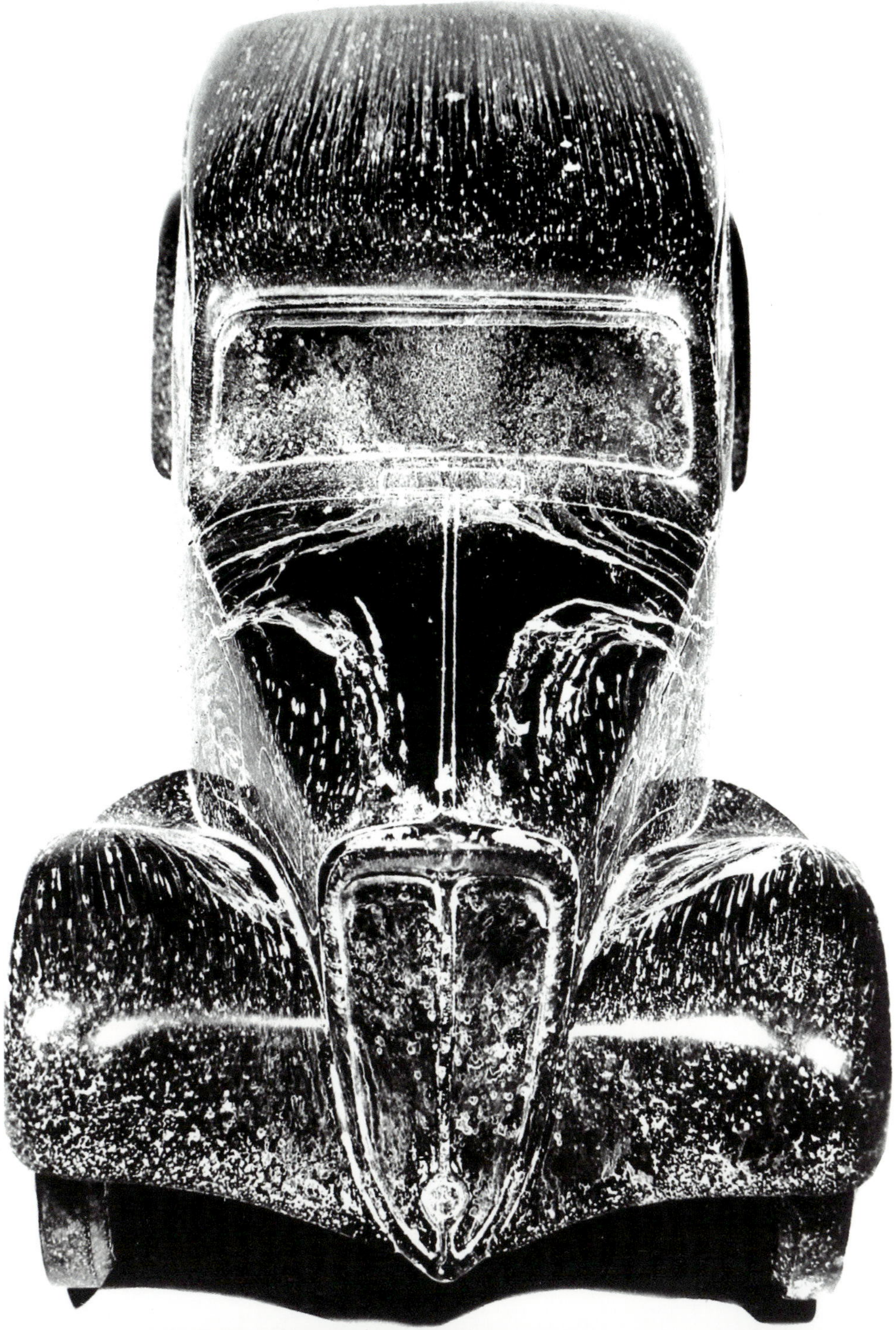

Le lancement

Le lancement commercial de la nouvelle gamme des « 7 à traction avant » a lieu le 18 avril 1934 dans le cadre du Garage de l'Europe, à Paris. Les concessionnaires ont pu la découvrir en avant-première dès le 23 mars. La 7 est équipée d'un moteur de 1 303 cm^3 (72 x 80 mm) qui fournit 32 ch à 3 200 tr/min. Dès le mois de juin, la 7 évolue. Dans la nomenclature interne, la 7A est remplacée par la 7B, ce qui se traduit par l'adoption d'un moteur qui a plus de souffle, un 1 529 cm^3 (78 x 80 mm) qui développe 35 ch à 3 200 tr/min. Extérieurement, on ne peut discerner la moindre différence entre la 7A et la 7B, à l'exception de la présence d'un deuxième essuie-glace. La 7B n'est produite que pendant les mois de juin et juillet 1934. Au cours des concours d'élégance de l'été, à Boulogne, Vichy ou Deauville, Citroën engage des berlines, roadsters et faux cabriolets qui font bonne figure à côté des chefs-d'œuvre de la carrosserie artisanale. À côté de la 7, le catalogue propose à partir de juin 1934 une 7 Sport équipée d'un moteur 1 911 cm^3 (78 x 100 mm). Il affiche 46 ch à 3 800 tr/min, mais avec une vitesse maximale qui culmine à 115 km/h, l'appellation 7 Sport paraît bien usurpée… Extérieurement, rien ne distingue la 7 Sport de la 7, à l'exception des pneumatiques (150 x 40). D'emblée, le choix des carrosseries pour cette version comporte non seulement une berline, mais aussi un faux cabriolet et un roadster qui apparaissent respectivement en avril et en mai 1934. Ce sont des modèles à deux places qui comportent deux places de secours dans le spider. Sur le roadster, le pare-brise est rabattable. L'appellation « roadster » disparaîtra vite au profit de « cabriolet décapotable ».

La 7 sous sa forme originale, telle qu'elle est divulguée en avril 1934.

Sur les premières tractions,
le compteur est au centre de la planche de bord.

L'annonce publicitaire pour le lancement de la 7

L'évolution

UNE SI LONGUE CARRIÈRE

Au cours de ses trente-trois années d'existence, la traction a conservé ses grandes lignes qui deviendront anachroniques dans les années 1950.

Une femme élégante pour une automobile qui ne l'est pas moins, le faux cabriolet.

Le roadster 7 apparaît en mai 1934
et la berline 7 Sport en juin 1934.

1935

MILLÉSIME

Selon la coutume, les modèles d'un nouveau millésime apparaissent trois mois avant la fin de l'année précédente, dans le cadre du Salon de l'automobile. En l'occurrence, les modèles 1935 de la traction sont dévoilés au Grand Palais entre le 4 et le 14 octobre 1934. Les 7 et 7 Sport ne sont désormais plus seules au programme ; elles sont épaulées par une nouvelle variante sensiblement plus étoffée. Plus large (176 cm contre 162), plus longue (465 cm contre 445) et plus haute (154 cm contre 152), la 11 est établie sur un empattement de 309 cm au lieu de 291. Mis à part sur les modèles de présérie, la calandre des 11 est différente de celle des 7 : leur grille est en relief et non en creux. Globalement, la 11 conserve les mêmes traits que la 7 et ce n'est que par leurs proportions que les deux voitures se différencient. L'allongement de la caisse est particulièrement visible au niveau du panneau de custode. L'augmentation des dimensions profite bien sûr à l'habitabilité, en particulier aux places arrière. Comme la 7 Sport et la 7, la 11 est proposée en berline, en cabriolet décapotable et en faux cabriolet. La 11 existe en outre avec une carrosserie encore plus longue (485 cm), à six glaces, établie sur un empattement de 327 cm et dite « familiale ». Les prototypes de cette variante apparaissent en juillet 1934 et, sur ces exemplaires, la calandre est semblable à celle des 7. La familiale peut transporter sept ou neuf personnes ; dans ce dernier cas, elles sont réparties sur deux banquettes à trois places et trois strapontins pliants, qui se trouvent au dos de la banquette avant. La 11 est animée par le moteur 1 911 cm^3 de 46 chevaux, que l'on a vu débuter sous le capot de la 7 Sport.

Magnifique livrée bicolore pour ce faux
cabriolet 11 normal millésimé 1935.

Sur le roadster, le pare-brise est rabattable ;
ici un 11 normal de 1935.

Dans la gamme d'octobre 1934,
la 11 normale dans une luxueuse finition bicolore,
une 11 gréée en taxi, et la 22 en berline, en familiale et,
sur la page de droite, en faux cabriolet et en roadster.

D'ailleurs, cette dernière change de dénomination : elle devient « 11 légère », pour bien spécifier qu'elle allie le moteur de la 11 et la carrosserie compacte de la 7. Au Salon d'octobre 1934, à côté des 7, 11 et 11 légère, le stand Citroën présente une quatrième série, qui demeure l'une des grandes énigmes dans l'histoire de l'automobile : la 22. Pour ce modèle de prestige, Citroën annonce un moteur huit cylindres en V, composé de deux blocs de 11 : la cylindrée de 3 822 cm³ conserve les mêmes cotes (78 x 100 mm) et sa puissance atteindrait les 100 chevaux. Rien ne prouve que ce moteur a jamais tourné, mais il est en revanche avéré que les essais routiers ont été effectués avec un moteur Ford V8. La carrosserie de la 22 conserve les dimensions de celle de la 11, mais la face avant est modernisée par l'intégration des phares dans les ailes et le montage de pare-chocs à lames doubles. Trois 22 sont exposées au Grand Palais : un cabriolet, une berline et une familiale. Le faux cabriolet est quant à lui montré au Garage de l'Europe.

En janvier 1935, la 7 évolue encore : en passant de la référence 7B à 7C, la cylindrée progresse jusqu'à 1 628 cm³ (72 x 100 mm), pour donner une puissance de 36 chevaux à 3 800 tours/minute. Sur les 7, 11 et 11 légère, la plate-forme est retouchée au niveau de la traverse arrière et des amortisseurs télescopiques sont adaptés à la place des amortisseurs à friction. À la même époque, les avertisseurs sonores sont intégrés dans les ailes et non plus fixés sur le pare-chocs. Commercialisée prématurément, la traction accumule les maladies de jeunesse, ce qui aggrave la situation financière déjà précaire de l'entreprise. En décembre 1934, le tribunal de commerce prononce la mise en liquidation judiciaire de la société.

Les volets situés à l'avant sur les flancs du capot s'ouvrent désormais dans le sens contraire de ceux qui sont derrière.

1936

MILLÉSIME

En octobre 1935, le tarif offre le même choix qu'en octobre 1934, à ceci près que l'on ne parle plus de la 22. La 7 et la 11 légère figurent sous trois formes : berline cinq places, cabriolet deux-quatre places et faux cabriolet deux-quatre places. La 11, plus habitable, est proposée en berline cinq ou six places, conduite intérieure cinq ou six places, cabriolet trois-cinq places, faux cabriolet trois-cinq places et familiale sept ou neuf places. Les modèles 1936 sont reconnaissables à de petits détails : la grille de calandre n'est plus chromée mais peinte, et les verres des phares sont désormais bombés et non plus plats. Autre subtilité : les poignées d'ouverture des volets avant, situés sur les flancs du capot, sont déplacés. Plus important, le coffre arrière est désormais accessible par une porte de coffre, alors que jusqu'à présent l'accès au compartiment à bagages se faisait par l'intérieur... Autre amélioration substantielle : les tractions avant bénéficient du montage d'une direction à crémaillère en mai 1936.

La 11 normale en berline,
familiale et commerciale.

1937

MILLÉSIME

En octobre 1936, les modèles millésimés 1937 ne subissent aucune modification notable. On note seulement que, depuis juin 1936, le compteur principal a été déplacé du centre du tableau de bord pour s'ancrer derrière le volant, sur la colonne de direction.

1938

MILLÉSIME

À partir d'octobre 1937, les tractions avant sont équipées de nouvelles roues baptisées «Pilote», qui sont chaussées de pneumatiques de plus grandes dimensions: 155x400 sur les 7, 165x400 sur les 11 en berline, cabriolet et faux cabriolet, et 185x400 sur les familiales. Auparavant, les 7 étaient montées en 140x40, les 11 en 150x40, sauf les versions six glaces, équipées en 160x40. Dans la gamme des 11, s'ajoute une version commerciale, qui peut embarquer jusqu'à 500 kg de charge utile. Le chargement s'effectue par un hayon composé de deux battants. Dans les gammes 7, 11 et 11 légère, le faux cabriolet se nomme désormais «coupé». Mais pas pour longtemps puisqu'il disparaîtra en octobre 1938. Il aura été produit seulement sept cent trente exemplaires de ce modèle (sept cent soixante-quinze si l'on compte les voitures montées en Grande-Bretagne et en Belgique).

Pour le millésime 1938, des roues «pilote» pour tous les modèles, sur la 7 comme sur la 11 normale commerciale.

La 11 cabriolet dans toute sa splendeur
et sous sa forme finale.

1939

MILLÉSIME

Avant même la déclaration de la Seconde Guerre mondiale, Citroën réduit sa gamme et se concentre sur les modèles les plus fonctionnels. Ainsi, les coupés désertent le tarif en octobre 1938, tandis que les derniers cabriolets sortiront un an plus tard. Dans les gammes 7, 11 et 11 légère, ne survivent donc, à partir d'octobre 1939 que les berlines et les versions longues à six glaces. Au total, de 1934 à 1939, Citroën a livré quatre mille six cent soixante-quinze cabriolets (dont quatre mille trois cent trente fabriqués en France). En mars 1939, les 11 et 11 légère bénéficient d'une nouvelle mécanique. Grâce à une culasse modifiée, des bielles allégées, des soupapes raccourcies et un carburateur inversé, le moteur Performance développe 56 chevaux à 3 800 tours/minute. Dans le même temps, le moteur de la 7 est gratifié de la mention «économique», car sa consommation est réduite de 10 % par abaissement du taux de compression (6,2:1) et le montage d'un carburateur Solex 30 ATHD. La 15 Six constitue la grande nouveauté du Salon de l'automobile 1938. Le développement de la 22 avait été discrètement abandonné après une ultime présence de la voiture en janvier 1935 au Salon de l'automobile de Bruxelles. Citroën avait alors lancé un projet plus réaliste, organisé autour d'un moteur six cylindres en ligne. À partir de l'éternel rapport alésage/course de 78 x 100 mm, on obtient une cylindrée de 2 867 cm^3 et une puissance de 77 chevaux à 3 800 tours/minute. Le code interne du modèle six-cylindres est «15 Six G», pour indiquer que le sens de rotation du moteur s'effectue vers la gauche. La 15 Six reprend les dimensions générales de la 11, mais le moteur a nécessité l'avancement de la calandre. En février 1939, commence la fabrication des versions six glaces de la 15 Six. Il existe une conduite intérieure à cinq places, qui reprend la carrosserie de la familiale huit-neuf places, mais qui ne transporte que cinq personnes, le compartiment arrière s'avérant exceptionnellement spacieux. Le prototype d'un cabriolet est confectionné en mars 1939, mais sa fabrication en série ne sera jamais lancée. Le nombre de prototypes réalisés pendant la Seconde Guerre mondiale reste hypothétique; il est probable que trois– au moins– sont assemblés en 1939 et il est certain qu'un exemplaire est confectionné en 1946 pour Robert Puiseux, patron des usines Michelin. Par ailleurs, la multiplication de copies apocryphes de cabriolets, au cours des décennies suivantes, ne fait qu'embrouiller les pistes. Nombre de collectionneurs sans scrupule– ou sans jugement– ont fait l'acquisition de cabriolets 7 ou 11, improvisés à partir de berlines… Il n'y a pas que les Ferrari 365 GTS/4 ou les Porsche 356 Speedster qui attisent les convoitises et inspirent les faussaires…

Grande nouveauté du millésime 1939, la 15 Six est disponible en berline et en conduite intérieure à six glaces, mais le cabriolet – dont plusieurs prototypes sont réalisés – ne sera pas commercialisé.

La production de la 11 légère se poursuit jusqu'en novembre 1941.

1940

MILLÉSIME

À la suite de l'invasion de la Pologne par la Wehrmacht, la France et la Grande-Bretagne déclarent la guerre à l'Allemagne, le 3 septembre 1939. Bien sûr, la tenue du Salon de l'automobile, prévu en octobre, est annulée. Néanmoins, la fabrication de quelques unités et leur diffusion se poursuit durant quelques semaines. Le millésime 1940 est très bref. Dès septembre 1939, les versions à six glaces de la 15 Six ont été supprimées. La production de la berline 15 Six est suspendue en février 1940. La fabrication de la 11 familiale cesse en mars 1940, celle de la commerciale en octobre 1941. Celle de la 7 s'arrête en juin 1941, et elle ne sera pas reprise ultérieurement. La confection des 11 et 11 légère se poursuit à petite cadence, jusqu'en novembre 1941, dans une usine du quai de Javel sérieusement endommagée après un premier bombardement le 3 juin 1940. Pendant l'Occupation, certains ingénieurs transforment les mécaniques existantes pour qu'elles acceptent de nouveaux types de carburant (gazogène, gaz de ville ou alcool de betteraves). Les tractions n'échappent pas à ces montages de fortune.

À partir de mars 1946, la 11 légère reçoit un capot strié d'ouïes.

1945

MILLÉSIME

La chaîne de la 11 légère redémarre à petite cadence en juin 1945. On la retrouve uniquement sous la forme de la berline et dans la même configuration qu'avant la guerre.

1946

MILLÉSIME

En mars 1946, la 11 légère reçoit un nouveau capot, dont les flancs sont percés de fentes qui remplacent les deux volets. La fabrication de la 15 Six a repris en février 1946 à un rythme très réduit (cent quarante-huit exemplaires seulement sortent d'usine entre février et septembre 1946).

La fabrication de la 15 Six reprend
au ralenti en 1946.

Les modèles 1947, de la 11 légère comme de la 11 normale, disposent de jantes à voile plein.

1947

MILLÉSIME

Premier événement organisé après la Libération, le Salon de l'automobile d'octobre 1946 marque, symboliquement, le redémarrage de l'industrie automobile et l'espoir de sa résurrection.
La 7 n'est pas reconduite au tarif d'octobre 1946, mais les trois autres séries y figurent : 11, 11 légère et 15 Six. Dans l'immédiat, elles sont disponibles uniquement en berline et dans une seule « couleur », un gris irisé. La fabrication effective de la 11 reprend progressivement, à partir de mars 1947.
Les carrosseries adoptent les modifications apparues en mars 1946 : les flancs du capot fendus d'ouïes, les jantes à voile plein et les butoirs sur les pare-chocs.

1948

MILLÉSIME

Nouveaux enjoliveurs de roue sur la 15 Six à partir de mars 1948.

Rien à signaler sur les 11 et 11 légère ; en revanche, la 15 Six G cède la place à la 15 Six D, ce qui signifie que le sens de rotation du moteur est passé de gauche à droite, grâce au montage d'une nouvelle boîte de vitesses. Le cadre chromé de la calandre et l'orifice oblong prévu pour la manivelle sont les seuls détails qui permettent de reconnaître la nouvelle mouture. À partir de mars 1948, toujours sur la 15 Six, les roues sont décorées d'enjoliveurs chromés plus grands. Le nuancier est plus uniforme que jamais avec le noir pour seule et unique possibilité.

La 11 normale 1949 se reconnaît à l'ouverture fendue sur la grille de calandre.

1949

MILLÉSIME

Éclipsées par la présentation de la 2 CV au Salon de l'automobile 1948, les tractions restent sur leur quant-à-soi avec les trois berlines 11, 11 légère et 15 Six inchangées. Seule retouche notable : la calandre de la 11 normale est percée d'une fente plus allongée, pour le passage de la manivelle. Au tableau de bord, à partir de juillet, le fond du cadran passe du noir au blanc.

1950

MILLÉSIME

Calme plat à nouveau pour ce millésime 1950, qui n'est marqué que par le montage de nouveaux sièges sur les 11 et la modification des réglages de leur moteur. Sur quelques dizaines de voitures sorties entre mars et mai 1950, les roues habituelles sont remplacées par des jantes ajourées, fournies par Lambert-Nivelles à la suite d'une rupture d'approvisionnement de Michelin.

Sur quelques dizaines de voitures, les roues habituelles sont remplacées par d'autres jantes.

1951

MILLÉSIME

En dehors d'un nouveau volant à deux branches et d'une décoration au centre de la planche de bord, adoptés en juin 1950, les 11 poursuivent leur chemin sans bouleversement, au-delà d'octobre 1950. En revanche, la 15 Six se dote à cette époque de nouveaux pare-chocs nervurés, plus larges et plus robustes.

Planche de bord mieux décorée pour la 11 et nouveaux pare-chocs droits et nervurés sur la 15 Six.

1952

MILLÉSIME

Une fois encore, c'est dans l'accastillage des 11 et 11 légère que les choses évoluent: en mai 1952, des clignotants apparaissent sur les ailes avant et le panneau de custode; en juin, les essuie-glaces sont ancrés au bas du pare-brise et, en juillet, de nouvelles jantes percées de quatre fentes sont montées.

Nouvelle planche de bord pour le millésime 1952.

1953

MILLÉSIME

Toutes les tractions reçoivent une malle arrière.
La commerciale et la familiale n'y échappent pas.

En octobre 1952, toutes les tractions bénéficient d'une amélioration éminemment visible : l'adoption d'une nouvelle malle arrière. Cette modification permet d'augmenter la contenance allouée au transport des bagages et constitue un progrès sensible dont bénéficient les trois séries : 11, 11 légère et 15 Six. Par la même occasion, les 11 et 11 légère reçoivent des pare-chocs au dessin rectiligne. Mais cette actualisation ne cache pas les rides de la traction avant. En ce début des années 1950, peu d'automobiles affichent encore un profil tracé dans les années 1930, avec les ailes et les phares rapportés.

Ci-dessous, des pare-chocs droits apparaissent en même temps que la malle arrière.

En bas, à gauche, l'espace intérieur de la familiale reste généreux avec ses trois strapontins.

En haut, à gauche, prospectus mettant en valeur le nouveau moteur 11 D.

Un style d'un autre temps pour la 15 Six en 1954 !

1954

MILLÉSIME

Citroën fait quelques concessions: le noir n'est plus la seule teinte disponible. Il existe désormais au nuancier un gris perle et un gris bleuté, que peuvent choisir les plus audacieux! Les carrosseries à six glaces reviennent également au catalogue tant sur la base de la 11 – en familiale et commerciale –, que sur la base de la 15 Six – en familiale seulement. En mai 1954, une version révolutionnaire de la berline 15 Six fait discrètement son apparition. C'est la première voiture, dans la production mondiale, équipée d'une suspension arrière hydropneumatique. Elle est alimentée par un système à haute pression, comprenant une pompe, un conjoncteur disjoncteur et un accumulateur de pression. Cette 15 Six H est chaussée de pneumatiques 165 x 400 à la place des 185 x 400, pour la 15 Six normale. Citroën procède ainsi à l'expérimentation de la suspension hydropneumatique qui sera appliquée (aux quatre roues) sur la DS19 deux ans plus tard.

1955

MILLÉSIME

En mai 1955, les 11 et 11 légère bénéficient d'un nouveau moteur qui leur vaut l'appellation « 11 D ». La puissance passe à 60 chevaux à 4 000 tours/minute, grâce à l'augmentation du taux de compression de 6,5 à 6,8, et au montage d'un nouvel arbre à cames. Un peu plus tard, ces modifications seront complétées par la fabrication du carter en aluminium.

La 15 Six en version familiale.

1956

MILLÉSIME

La 15 Six n'est plus produite en 1956…
mais il en reste en stock !

Avec le lancement de la DS19 en octobre 1955, plus personne ne s'intéresse aux tractions avant. Quelques survivantes demeurent cependant au catalogue pour les irréductibles. La 15 Six disparaît purement et simplement, mais les 11 et 11 légère poursuivent leur carrière sur leur lancée.

1957

MILLÉSIME

Cette fois, l'heure de la retraite a sonné pour la traction. Le 25 juillet 1957, le sept cent cinquante neuf mille cent vingt-troisième et ultime exemplaire sort de l'usine du quai de Javel. Il s'agit d'une 11 D familiale.

Passage de relais.

Charles de Gaulle parade à bord
de la 15 Six carrossée par Chapron.

4

LE REGARD DES CARROSSIERS

Les chars de l'État

Parmi les carrosseries spéciales élaborées sur la base des tractions avant, celles réalisées pour la présidence de la République française sont les plus célèbres. Elles se sont inscrites dans la longue tradition des chars de l'État français.

René Coty inaugure la 15 Six carrossée par Franay.

Au cours des premières décennies de la IIIe République française, les présidents goûtent le charme suranné des voitures à cheval, se plaisant à parader devant le bon peuple dans d'intemporelles et élégantes berlines. Dans les anciennes écuries impériales de l'Alma, sur le quai d'Orsay, à Paris, la flotte hippomobile comprend plusieurs attelages, dont un coupé réalisé par Georges Ehrler en 1880 et une luxueuse berline de gala à huit ressorts, produite par Mühlbacher en 1896. Ces deux pièces ont été conservées. La première se trouve au musée des carrosses à Versailles, la seconde fait partie de la collection du musée de la voiture à Compiègne. Les artisans Ehrler et Mühlbacher vont bien vite se reconvertir dans la confection de carrosses automobiles. Avant la Première Guerre mondiale, on voit Armand Fallières rouler en Charron ou en Renault, et Raymond Poincaré se déplacer en Rochet-Schneider ou en Panhard & Levassor, mais les attelages restent toujours en service pour les grandes occasions. Après l'armistice, Renault propose une 40 CV qui a l'étoffe d'un char de l'État : elle est propulsée par

2-PR75

À gauche et page précédente, une ligne séduisante
qui ne laisse pas supposer la vétusté de la base mécanique.

un énorme six-cylindres de plus de 9 litres de cylindrée, et son long capot en coupe-vent lui donne de la prestance. Au cours du mandat d'Alexandre Millerand, qui s'étend de septembre 1920 à juin 1924, on voit des productions de Gabriel Voisin occuper la cour de l'hôtel d'Évreux. En juin 1924, pour fêter son élection, Gaston Doumergue défile dans une torpédo Renault 40 CV, mais pour l'inauguration de l'exposition des Arts décoratifs, en mai 1925, un coupé limousine Voisin, élégamment carrossé par Belvallette, est encore de sortie. Renault s'installera ensuite pour longtemps comme fournisseur exclusif de la présidence de la République. En juin 1929, une première Reinastella à moteur huit cylindres succède à la 40 CV. Paul Doumer, en poste pendant moins d'un an (1931-1932), n'a guère le temps d'en profiter, mais Albert Lebrun, qui reprend le flambeau en mai 1932, teste les deux variantes de la Reinastella : la conduite intérieure décapotable et le coupé limousine. La crise économique impose ensuite quelques restrictions. Quand elle renouvelle son parc, la présidence se contente d'une Reinasport, en 1934, et d'une Nervastella, en 1938, signées quand même par des bons faiseurs, respectivement Kellner et Franay. Elles sont encore carrossées en coupé de ville, un type de carrosserie qui semble désormais déplacé dans un climat social rythmé par le Front populaire. En 1942, le carrossier Franay est commissionné pour élaborer une nouvelle voiture d'apparat. La base mécanique est empruntée à la Suprastella, dernière Renault de prestige avec son huit-cylindres en ligne de 5,4 litres. Après avoir véhiculé les sombres personnages du gouvernement de Vichy, la décapotable connaît de plus recommandables utilisateurs, tels que Vincent Auriol. La Suprastella laisse ensuite la place à une autre décapotable de parade, concoctée cette fois par le carrossier Saoutchik, sur un châssis Talbot Lago Record.

L'entrée en scène de Citroën

Tandis que s'éteignent une à une les marques françaises de prestige, la présidence se tourne vers des constructeurs plus populaires. René Coty se satisfait de l'ambiance démodée et commune d'une Citroën 15 Six H de série, avant d'en commander deux versions spéciales : une limousine réalisée par Franay sur un dessin très plaisant de Philippe Charbonneaux, et une décapotable produite par Henri Chapron d'après une esquisse de Carlo Delaisse. La première est exposée au Salon de l'automobile en 1955, la seconde entre en service en octobre 1956. Henri-Théodore Pigozzi, sémillant industriel qui préside aux destinées de Simca, essaie de placer son modèle de haut de gamme, qui porte un patronyme prédestiné : Présidence. Robert Opron, alors jeune styliste chez Simca – il dirigera par la suite les studios de Citroën puis de Renault –, imagine en 1960 un luxueux vaisseau sur la base de la Présidence. Hélas, la parentèle américaine de cet ultime avatar de l'aventure « Vedette » n'est pas du goût du général de Gaulle... Pas plus d'ailleurs que la Rambler spéciale, elle aussi élaborée chez Chapron, et qui ne peut pas cacher son origine américaine derrière un losange indiquant que Renault assemble les voitures d'American Motors dans son usine de Haren en Belgique.

Les grandes signatures

Une kyrielle de carrossiers, de tôliers et d'accessoiristes se sont employés à personnaliser plus ou moins la traction, soit en modernisant certaines pièces de la carrosserie, soit en redessinant complètement la caisse. Nous n'avons retenu ici que les grands, ceux qui ont créé de véritables « carrosseries spéciales » ayant fait l'objet d'une réelle recherche en matière de style.

La familiale 15 Six modernisée par Antem.

Antem

La société Antem & Monroig est enregistrée à la chambre syndicale de la carrosserie en mars 1923. Cette année-là, elle expose pour la première fois ses productions au Salon de l'automobile. En 1925, l'entreprise grossit et devient Antem, Monroig & Guyot, avec l'arrivée d'un troisième associé, François Guyot. Un nouvel atelier ouvre ses portes à Courbevoie. En 1929, Jean Antem rachète les parts de ses associés pour fonder une nouvelle société en son nom propre. Il exerce son art avec discrétion, sur des châssis plutôt modestes. De temps à autre, des voitures de luxe tranchent sur cet ordinaire. Antem réussit à passer le cap des années 1930 en produisant des petites séries régulières pour le compte d'Ariès ou pour Licorne, tout en réalisant des voitures plus ambitieuses. Après la Libération, comme plusieurs de ses confrères, Antem se concentre sur les Delahaye 135, mais il réalise d'autres trans-

Publicité émise par
la carrosserie Beutler.

formations sur des bases moins prestigieuses. Ainsi, en 1946, il modifie une 15 Six à six glaces, pour tenter de la moderniser en adaptant de lourdes ailes enveloppantes, un arrière fuyant, une calandre affinée et des phares intégrés. Mais cette adaptation ne fait pas illusion car la partie centrale de la coque est conservée. La reconversion est inexorable. Les véhicules publicitaires constituent une première échappatoire, avec plusieurs véhicules dessinés par Philippe Charbonneaux. Vers 1955, Jean Antem, relayé par ses fils Jacques et Jean, renonce à cette activité et migre en Normandie, à Doudeville, pour fabriquer des remorques et des cabines de tracteur agricole.

Beutler

Les frères Ernst et Fritz Beutler fondent leur entreprise à Thun, dans le canton de Berne, en 1943. On leur connaît surtout beaucoup de carrosseries spéciales sur la base de Volkswagen ou de Porsche dont certaines font l'objet de petites séries dans les années 1950 et 1960. Beutler travaille aussi sur d'autres bases mécaniques, notamment une 15 Six qui est habilement déguisée. Les origines du modèle sont insoupçonnables sous la lourde carrosserie à ailes « en ponton ». Seule la calandre à double chevron trahit la marque de l'objet.

La 15 Six et la SM présidentielles, toutes deux confectionnées chez Chapron.

Chapron

En août 1919, Henri Chapron ouvre à Neuilly-sur-Seine son entreprise de carrosserie qui sera inscrite au registre du commerce le 31 décembre 1920. La maison se spécialise d'abord dans l'habillage des Ford T, qui sont ainsi vendues sous le nom de « Ford francisées ». En décembre 1923, Chapron déménage à Levallois-Perret. La floraison des belles mécaniques françaises lui permet d'exercer son art et se prête idéalement à sa manière sage et élégante. Le châssis Delahaye 135 lui permet de donner toute sa mesure. Son style fuit l'emphase, il n'est jamais exubérant et cette relative retenue est considérée, avec le recul du temps, comme une préservation du bon goût français. Henri Chapron n'a jamais été un carrossier d'avant-garde et cette prudence lui permet de mieux vivre la tourmente qui va emporter les grandes marques après la guerre. Au lieu de singer le *styling* américain, ou de se jeter sur le ponton, il montre une élégante circonspection. Au fil des salons et des concours d'après-guerre, on découvre la manière dont il actualise ses thèmes de prédilection. Les stylistes qui travaillent pour lui, et en premier lieu Carlo Delaisse, ne se laissent jamais emporter par les délires aérodynamiques ou les tentations ornementales.

Après avoir accompagné les marques de luxe jusqu'à leur dernier souffle, Chapron a l'intelligence de se tourner vers des labels plus modestes. L'avenir passe par un compromis avec la grande industrie, et c'est chez Citroën qu'il va trouver son salut. Avant de s'attaquer à la transformation des DS19, il produit deux 15 Six décapotables pour la présidence de la République.

La traction malmenée par Clabot (en haut) ou par Figoni (en bas). En revanche, la voilà sublimée sous le crayon de Philippe Charbonneaux (page suivante).

Clabot

L'atelier de Robert de Clabot, à Alfortville, se fait connaître, après la Seconde Guerre mondiale, par un cabriolet et un coupé 11 affublés d'une calandre en forme de nez de requin, rappelant les « sharknose » de la Graham 1938. Une illustration flagrante des ravages du *styling* américain, quand il inspire la carrosserie européenne.

Figoni

Giuseppe Figoni ouvre une société à son compte en 1923 et fabrique des caisses complètes, dès 1925. Aussitôt, sa préférence le conduit à carrosser des voitures sportives. Ballot est l'un de ses principaux clients. L'affaire prospérant, il s'associe avec Ovidio Falaschi, expert-comptable, pour créer la société Figoni & Falaschi en mai 1935. Le nouveau venu s'occupe de la gestion financière, tandis que Figoni continue de superviser la conception et la réalisation des carrosseries. Au cours des années 1930, le nom de Figoni & Falaschi resplendit au firmament de la carrosserie internationale, grâce à d'éblouissantes créations. Après avoir fabriqué des réchauds et des radiateurs électriques pendant la guerre, la société reprend le cours de ses productions. En juin 1951, Falaschi retourne dans son pays, tandis que Figoni, resté en France, se tourne vers Simca pour qui il réalise une petite série de Simca Sport et quelques créations uniques, dont une 15 Six, en 1952, surnommée « Le Squale », aux lignes totalement inédites. En 1961, Figoni devient agent Lancia.

RF 75

Franay

Jean-Baptiste Franay, sellier de formation, est contremaître chez Binder avant de créer son entreprise, en 1903, avec sa femme Emma-Marie. En septembre 1922, à sa mort, son fils Marius prend les rênes de l'affaire. Rapidement, la carrosserie Franay se signale par une élégance et un luxe qui lui valent de se consacrer aux marques les plus prestigieuses. Tout au long des années 1930, malgré les difficultés conjoncturelles, Franay ne se démarque pas de cette attitude élitiste. Il est l'un des derniers carrossiers à se consacrer à la confection de coupés de ville, une carrosserie devenue anachronique dans le contexte économique de l'époque. Franay pourvoit la présidence de la République française avec une décapotable de parade sur base Renault Suprastella. Au lendemain de la guerre, le carrossier n'échappe pas plus que ses confrères aux excès de l'ornementation. Pour finir avec panache, il fournit encore la présidence de la République avec une limousine Citroën dessinée par Philippe Charbonneaux et dévoilée au Salon de Paris 1955. La maison Franay fermera ses portes après cet exercice ultime et prestigieux.

Aménagement de fortune par Langenthal.

Langenthal

Animée par Fritz Grogg, la carrosserie Langenthal, installée dans la ville éponyme, a transformé quelques dizaines de traction avant, entre la fin des années 1940 et le début des années 1950. Il semble que des 11 légères et des 11 normales aient été traitées, mais les modèles les plus remarquables sont les cabriolets à quatre places, produits sur la base de la 15 Six. Profondément remaniées, ces décapotables disposent d'ailes enveloppantes reliées par des marchepieds, et dans lesquelles sont encastrés quatre phares. Aujourd'hui, la Calag (Carrosserie Langenthal AG) assure la fabrication de véhicules utilitaires et industriels, et la réparation.

Mignot & Billebault

Cet atelier de Boulogne-sur-Seine réalise entre les deux guerres des carrosseries spéciales conformistes, fondées sur des voitures de classe moyenne. Après la Seconde Guerre mondiale, le carrossier résume ses activités à l'élaboration de breaks avec décoration en bois. Lors du concours d'élégance du Trocadéro, en juin 1939, la maison Duchemin présente une 11 berline qui se veut « américanisée » et qui a été confectionnée chez Mignot & Billebault.

Renard & Bec

Pour le Salon de Paris 1948, cet atelier réalise un cabriolet dérivé de la traction, dont le dessin est attribué à Géo Ham. Mais les lignes sont si déséquilibrées, que l'on a peine à croire que le brillant illustrateur soit l'auteur d'un assemblage aussi maladroit.

Un ensemble bâtard pour cette transformation signée Renard & Bec.

Un habillage réalisé par
le carrossier belge T.T.T.

Splendilux

À la fin des années 1920, Henri Esclassan est tôlier, spécialisé dans la production d'ailes embouties et de coffres. En 1948, alors qu'il est responsable de la société T.A.I. (Tôlerie automobile industrielle), il crée la Carrosserie Splendilux et réalise, sous cet écusson, de simples transformations, mais aussi des carrosseries spéciales complètes. Sa « traction » conserve la partie centrale de la coque d'origine avec son habitacle et les quatre portes, mais sa physionomie est transformée grâce aux ailes enveloppantes, à la poupe allongée, à la calandre redessinée et aux phares intégrés.

TTT

Les établissements TTT (Travail de la tôle et du Triplex), qui ont pignon sur rue à Bruxelles, ont enfanté l'une des plus monstrueuses carrosseries spéciales ayant existé sur la base de la traction. Georges Placklé a tracé les lignes de ce cabriolet transformable, épais et ventru. Une 11 et une 15 Six auront été ainsi maltraitées, et cette dernière a même été exposée au Salon de Bruxelles en 1952.

Worblaufen

L'entreprise de Fritz Ramseier, qui a son siège à Worblaufen (en Suisse), a été en activité de 1929 à 1958. Plutôt spécialisée dans les automobiles de luxe, elle s'est rendue aussi coupable de la fabrication de quelques cabriolets 15 Six à la silhouette passablement pesante. Le premier exemplaire a été dévoilé dans le cadre du Salon de Genève 1948.

5 INSTANTS D'ANNÉES

Amsterdam, 25 mai 1934

Un mois après le lancement parisien de la gamme des tractions, la grande première européenne de la nouvelle diva est réservée au public néerlandais. La fête est organisée dans le superbe bâtiment de la Stadionplein.

Boulogne, 8 juin 1934

Pour faire connaître la nouvelle 7 au grand public, Citroën n'hésite pas à engager plusieurs voitures dans différents concours d'élégance, dont celui du bois de Boulogne. Il faut reconnaître que dans sa livrée blanche assortie à ses pneumatiques à flancs blancs, le cabriolet de série ne manque pas d'élégance et rivalise avec certaines carrosseries spéciales présentées par les carrossiers.

Marseille, 15 juin 1934

Pierre Louÿs débute un reportage photographique destiné à illustrer un calendrier qui sera édité en 1935. Il descend sur la Côte d'Azur par la route Napoléon, avant d'embarquer pour la Corse où la 7 Sport fera le tour complet de l'île. On la voit ici poser avec Nika, devant le village d'Olmeto, en Corse du Sud.

Paris, 27 juin 1934

Rouleur infatigable, François Lecot va relever plusieurs défis destinés à prouver l'endurance de la traction. Il effectue plusieurs raids improbables à travers l'Europe, au volant de différents modèles. Son premier pari consiste à parcourir 5 007 kilomètres en soixante-dix-sept heures, en faisant le tour de la France et de la Belgique. En compagnie de Maurice Penaud, Lecot prend le départ place de la Concorde, devant le siège de l'Automobile Club de France, au volant d'une 7 Sport. Leur parcours passe par Rouen, Calais, Anvers, Bruxelles, Reims, Strasbourg, Pau, Bordeaux et Brest…

Paris, septembre 1934

Le XVe concours du bidon de 5 litres voit le succès d'une 11 familiale, pilotée par Paul Rouen, concessionnaire Citroën à Fécamp.

Paris, du 4 au 14 octobre 1934

La gamme complète des tractions est exposée au Grand Palais, lors de la 28e édition du Salon de l'automobile. Parmi les attractions du stand, on remarque un faux cabriolet 11 bicolore, trois 22 en berline, conduite intérieure et cabriolet, ou encore une coque éclatée qui montre la structure et l'architecture originales de la voiture.

Paris, 10 octobre 1934

Un nouveau raid a été mené à bien par André Lecot. Parti une dizaine de jours auparavant, l'équipage a effectué un aller-retour à Moscou, avec pour mission de livrer un courrier à l'ambassadeur de France à Moscou, accomplissant ainsi la première liaison postale automobile entre les deux capitales. André Citroën en personne accueille l'équipage de la 7 Sport à 23 h 30, devant le siège de l'A.C.F.

Paris, octobre 1934

Ce faux cabriolet qui remonte les Champs-Élysées ne manque pas d'allure, dans un environnement qui comprend encore beaucoup de silhouettes qui n'ont pas été frappées par la vogue de l'aérodynamisme.

Paris, 22 juillet 1935

C'est le pari le plus délirant de François Lecot : effectuer 400 000 km en un an, au volant d'une traction. Cette fois, il s'agit d'une 11 légère. Le départ est donné à nouveau place de la Concorde. François Lecot est accompagné de deux mécaniciens en alternance, Marcel Coqueret et Maurice Penaud, et de huit inspecteurs de l'A.C.F., qui se relayent pour contrôler la bonne marche de l'opération.

Paris, 26 juillet 1936

François Lecot achève son périple de 400 134 kilomètres ! Tous les deux jours, il a fait un aller-retour entre Paris et Nice via Fontainebleau, Avallon, Chalon-sur-Saône, Mâcon et Lyon. Sur la route, Lecot faisait une étape à Rochetaillée-sur-Saône où il tient un restaurant. Le périple se poursuivait via Valence, Orange, Fréjus, Nice, jusqu'à Monte-Carlo où la traction repartait en sens inverse pour mettre le cap sur Lyon, puis Paris… Pour briser la monotonie du voyage, Lecot participa au rallye de Monte-Carlo, en janvier 1936. Puis il se rendit à Berlin, Amsterdam, Rome, Madrid et Vienne en juin, pour faire la promotion de la traction à l'étranger.

Paris, 14 juin 1940

Lorsque l'armée allemande a commencé à envahir le territoire français à partir de mai, on a assisté à un exode massif de la population du nord vers le sud. Le mois suivant, Paris est occupée à son tour et ce sont les Franciliens qui désormais quittent leur région. À pied, à bicyclette, à bord des véhicules les plus variés, dans des voitures surchargées à l'extrême, des familles entières tentent d'échapper à l'envahisseur. Mais sur la route de l'exil, ils doivent subir les bombardements des Stukas.

Paris, juin 1940

Avec l'Occupation, la question du carburant ne tarde pas à se poser. L'essence se raréfie rapidement et son remplacement par l'alcool de betteraves ou l'acétylène ne donne pas satisfaction. Les gazogènes fonctionnant au bois, au charbon de bois ou au charbon minéral constituent la solution de rechange la plus courante. Ces mécanismes sont montés à l'avant ou à l'arrière du véhicule ou emportés dans une remorque. Autre option, le gaz de ville comprimé offre des propriétés proches de l'essence. Il est stocké dans des bonbonnes, le plus souvent arrimées sur le toit.

Paris, août 1944

Après l'exécution d'un plan visant à paralyser les transports par voie ferrée et le sabotage des réseaux électriques, les FFI participent à la libération du territoire et en particulier de Paris. La traction constitue l'une des montures favorites de ces Forces françaises de l'intérieur, qui regroupent l'ensemble des formations militaires des mouvements de résistance.

Compiègne, avril 1948

Au lendemain de la Seconde Guerre mondiale, une bande de malfaiteurs se fait connaître sous l'appellation de « gang des tractions avant ». Indissociable de la personnalité de Pierre Loutrel, dit Pierrot le fou. Les gangsters de cette époque affichent en effet une prédilection pour la traction, et la paisible berline deviendra à son insu l'outil de nombreux braquages, attaques à main armée et autres exactions du grand banditisme.

Slough, septembre 1948
Dès septembre 1934, l'usine anglaise de Slough a assemblé des tractions, tout comme ses filiales allemande et belge. Un certain nombre d'accessoires (pare-chocs, éclairage, roues…) diffèrent de l'accastillage des modèles français. Les appellations ont aussi été adaptées, la 7 devenant Super Modern Twelve, la 11 légère, Light Fifteen et la 11 normale, Big Fifteen. La 15 Six n'apparaît sur les chaînes anglaises qu'en septembre 1948. On voit ici le millésime 1951 avec les pare-chocs renforcés.

Val d'Isère, juillet 1951

André Ricou et son frère, concessionnaires Citroën à Grenoble et à Chambéry, ont réalisé plusieurs élaborations sportives de la DS19 et une étonnante 11 BL. Pour lui donner de la sportivité, sa caisse est surbaissée et mieux profilée. Ainsi métamorphosée, elle participe à de nombreuses épreuves nationales, notamment aux rallyes Lyon-Charbonnières et Neige et Glace. On la voit ici lors de la course de côte du col de l'Iseran.

Monte-Carlo, janvier 1952

Peu maniable et peu puissante, la traction n'a pas une vocation sportive. Toutefois, sa tenue de route a encouragé de nombreux pilotes amateurs à engager des 11 ou des 15 Six dans les rallyes. Ici, un concurrent hollandais au rallye de Monte-Carlo 1952.

Paris, mars 1953

Dans les embarras de Paris, à l'aube des Trente Glorieuses, les tractions ne sont pas nombreuses. Les modèles populaires – Peugeot 202 et 203, Renault Juvaquatre et 4CV – partagent la rue avec ceux d'avant-guerre encore en circulation.

Paris, septembre 1953

Entre les 2CV et les tractions, avec même une vénérable 10CV de la génération Rosalie, la marque Citroën est brillamment représentée et largement majoritaire sur la place de la Concorde.

Paris, mars 1955

Bien que son habitabilité exceptionnelle la prédestinât à servir de taxi, la familiale 11 est assez rare sous cette forme. Un exemplaire côtoie ici, sur les Champs-Élysées, une DeSoto de 1950 et une Aronde de 1955.

Avignon, 18 juillet 1955

À partir de 1952, et tout au long des années 1950, Yvette Horner anime la caravane du Tour de France. Coiffée d'un sombrero et armée de son piano à bretelles, l'accordéoniste traverse l'Hexagone, juchée sur le siège avant d'une 15 Six. On la voit ici en 1955, année où Louison Bobet est vainqueur pour la troisième année consécutive.

Saint-Cloud, août 1955

Inaugurée en 1946, l'autoroute de l'Ouest permet de sortir de Paris en direction de la Normandie. La silhouette de la traction commence à dater à côté de celle des Versailles, Aronde et autre Frégate lancées après la Seconde Guerre mondiale.

Paris, 27 juillet 1957

Entourée d'une kyrielle de DS19 et d'ID19, la toute dernière traction sortie des usines de Javel semble bien esseulée.

Fontainebleau, 31 juillet 1961

Sur l'autoroute des vacances, les DS ont désormais supplanté les tractions. Le premier tronçon de l'autoroute du Sud a été ouvert en 1960 entre Paris et Le Coudray-Montceaux.

Paris, 8 octobre 2009

Citroën célèbre ses quatre-vingt dix ans à travers un grand rassemblement dans les jardins du Trocadéro. Tous les modèles de la marque sont représentés, et bien sûr la traction n'est pas en reste…

Gargas, 14 décembre 2012

La lustrerie de Régis Mathieu, dans le Vaucluse, fait la « lumière sur un siècle de génie automobile français ». Un faux cabriolet 11 a été choisi parmi une quinzaine de véhicules.

Clichy, avril 2014

Pour célébrer les quatre-vingts ans de la traction, une belle exposition est organisée au siège social d'Automobiles Citroën.

Crédits photographiques :
Les illustrations de ce livre proviennent pour une grande partie
du fonds photographique de Automobile Citroën et de Grand Tourisme SAS.

www.editionsduchene.fr

Conception et réalisation : **graph'm**

Relations presse : Hélène Maurice (hmaurice@hachette-livre.fr)
Partenariats et ventes directes : Mathilde Barrois (mbarrois@hachette-livre.fr)

Edité par les éditions du Chêne (43 quai de Grenelle, 75905 Paris Cedex 15)
Achevé d'imprimer en octobre 2014 par Printer Trento en Italie
Dépôt légal : octobre 2014
ISBN : 978-2-85120-835-4
26/6669/5-01